역사를 품은 수학,
수학을 품은 역사

KB058530

인류의 역사에 스며든 수학적 통찰의 힘

역사를 품은 수학,
수학을 품은 역사

김민형 지음

21세기북스

들어가며

2020년 8월, 서울과 세계 전역에서 코로나19가 기승을 부리고 있었다. 그런 중에 네이버로부터 '지식 라이브 ON'의 수학 강의를 해달라는 제안을 받고 한참 망설인 게 사실이다. 그럼에도 불구하고 구체적으로 수학의 인문학적 면모에 대해 이야기해달라는 제안은 재미있기도 하고 약간은 의미 있게도 들려서 결국 강의를 하기로 마음먹었다.

또 하나의 동기는 내가 영국의 동료들, Alice Brooke (옥스퍼드대학교 스페인문학), Rowena Kennedy-Epstein (브리스톨대학교 영문학), 그리고 Jonathan Prag(옥스퍼드대학교 고전학)와 함께하는 연구 프로젝트 세 개와 맞물리는 강의를 할 수 있다는 사실이었다. 강의를 하면서 생각을 정리하고 연구 자료도 모을 기회였음이 분명했다. 이런 기회를 제공해준 네이버의 기획진, 그리고 북이십일의 윤홍 선생님께 감사한다. 또한 준비 과정에서 세 명의 영국

동료들에게 빚진 바가 많음은 물론이다.

　책의 구성은 여덟 번에 걸쳐 진행한 강의의 구조를 그대로 따랐다. 강의를 준비할 때 각 강을 비교적 독립적으로 준비한 터라 글에서도 각 강마다 더러 반복되는 부분이 있다. 그렇기 때문에 여덟 개의 강을 순차적으로 읽지 않고 관심사에 따라 읽어도 되는 장점이 있다. 특히 어떤 강은 약간 난해한 수학을 포함하고 있는데 그 부분은 그냥 건너뛰어도 좋고, 그러한 내용이 담긴 강은 읽기를 생략해도 괜찮다. 다만 1-2강, 3-4강, 5-6강, 7-8강은 각기 같은 날 진행된 강의들이어서 상호 연관성이 좀 더 깊다는 점을 유념해주기 바란다.

　이 책에 나타나는 또 하나의 중복은 다른 책에서 이미

다루었던 내용들이다. 특히 고대 수학에 대한 대목 중에 저자의 책『수학의 수학』그리고『다시 수학이 필요한 순간』에서 두 번이나 이야기한 토픽들과 겹치는 부분이 있다. 그렇더라도 한 번 설명했던 것을 또다시 설명하게 되는 것은 어쩔 수 없는 것 같다. 기회가 주어질 때마다 전에 불분명했다거나 너무 장황했던 부분을 교정하고 싶기 때문이다. 이러한 시도가 성공할지는 물론 예측하기 어렵다. 어찌 되었든 전에 했던 이야기를 하고 또 하는 습관을 독자들이 부디 관대하게 보아주기 바란다.

책을 읽으면서 독자들은 단박에 내가 나의 전공 분야가 아닌 내용들을 많이 다룬다는 인상을 받을 것이다. 그러한 느낌은 당연하다. 나는 수학자이고, 수학 이외의 학문에 대해서는 아마추어의 열정 이외에는 가지고 있는 식견이 없다. 가령 수학의 역사조차도 자신 있게 아는 것이 거의 없다. 그렇다 보니 틀리거나 과장된 부분이 다수 노출되어 이 책의 초기 버전은 학문적 기준으로 보았을 때 형편없었다고 밖에 묘사할 길이 없다. 강의도 그랬을 거라고 생각하면 부끄럽기 짝이 없다. 그래도 몇 차례의 교정을 거치면서 글로 남길 만한 가치가 조금이라도 있는 내용으로 정제되었기를 바란다. 그렇더라도 이 책이 학문적 심각성을 갖췄다고 주장하는 것은 전혀 아니므로 독자들의 주의가 많이 필요하다.

그러한 위험에도 불구하고 결국 출판을 결정한 이유는 두 가지다. 첫째는 역사와 문학의 틀 속에서 수학을 논함으로써 딱딱할 수 있는 내용을 부드럽게 만들 수 있으리라는 기대였다. 당연한 이야기이지만 수학은 인간 문화유산의 일부다. 객관적인 사실을 다루는 자연과학과의 깊은 연관성은 문화로서의 수학의 가치를 잊게 만드는 효과가 있고, 그 때문에 엄밀한 사고 없이는 이해할 수 없다는 인상을 받는 사람들이 적지 않다. 그래서 인간적인 면을 솔직하게 드러내는 글이 수학의 진수를 알게 되는 데에 도움을 줄 거라는 기대다.

둘째는 나의 부족한 지식으로도 전문가들이 관심을 가질 만한 질문 몇 개는 던질 수 있지 않을까 하는 (무리한) 기대가 작용했다. 이상적으로는 이 책에서 제안하는 주제가 역사학자나 문학 전문가에 의해 심각한 연구로 이어졌으면 좋겠다. 물론 나의 좁은 지식으로부터 전문가에게 도움이 될 만한 지표가 나올 가능성은 거의 없다. 그래도 수학과의 연관성이 약간이나마 새로운 관점이기를 바란다.

이러한 소원이 이루어지지 않더라도, 그러니까 전문가나 독자의 평판이 어떻게 나타나든 강의를 준비하고 책을 정리해가는 과정이 나 자신에게는 아주 재미있는 교육적 경험이었다는 사실은 분명하다. 죄송하게도 나의 학문적 본성은 항상 이러한 이기심을 바탕으로 한다는 사실이 이번에도 밝혀진 듯하다.

2021년 11월 영국에서
김민형

들어가며

차례

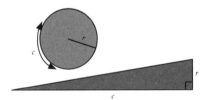

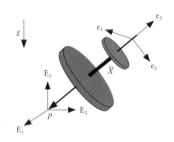

1강
고대

피타고라스의
황홀한 규칙

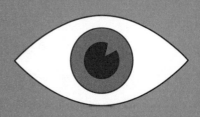
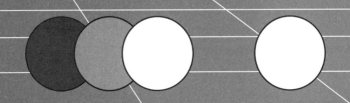

지식만큼 아무런 제한 없이 누구나 공평하게 누릴 수 있는 건 없다.

피타고라스는 배우고 깨닫고 성장하기 위해

언제든, 어느 곳으로든 주저 없이 떠났다.

세상 모든 지식을 욕망하라

기원전 500-200년 사이의 수학의 역사와 문화에 대해 알려진 바는 굉장히 적다. 우리가 여기에 관해 학교나 책에서 습득한 지식은 대부분 뚜렷한 근거가 없는 재미있는 옛날 이야기에 가깝다. 이 책에서도 역시 역사와 학문적 근거를 엄밀히 따지기보다는 수학자들의 놀라운 발견과 흥미로운 비화들을 다소 무분별하게 전개해나갈 것이다. 그 이유는 이 책의 목적이 수학을 흥미롭게 느끼도록 하는 데에 있기 때문이다. 따라서 순전히 수학적 내용이라고 할 만한 것은 저자의 능력이 닿는 한도 내에서 정확하게 기술할 테지만,

역사나 인문학과의 접점은 독자들이 회의적으로 읽을 필요가 있다.

이 책에서 다룰 여러 전설적 인물 중 가장 으뜸은 어쩌면 피타고라스일 것이다. 수학이라면 절레절레 고개를 흔드는 사람도 '피타고라스' 혹은 '피타고라스 정리'는 많이 들어봤을 것이다. 피타고라스Pythagoras, 기원전 580~500 추정는 고대 철학자이자 수학자이며, 보통은 이오니아인으로 분류된다. 고대 그리스 사상에 지대한 영향을 미친 피타고라스 학파의 근간이 되는 인물이다.

피타고라스가 주로 활동한 지역은 마그나 그라이키아Magna Graecia로, 이곳은 현재의 이탈리아 남부에 위치한 그리스 문명의 식민지였다. 그의 가르침은 플라톤이나 아리스토텔레스 같은 철학자들을 통해 서양 철학 전반에 엄청난 영향을 미쳤다. 물론 현대 학자들 중에는 피타고라스의 영향력에 관해 의문을 제기하는 사람들도 있다(그뿐 아니라 피타고라스의 실존 자체를 의심하는 학자들도 더러 있다).

그렇더라도 피타고라스가 여러 곳을 돌아다니다가 기원전 530년경 이탈리아 남부의 항구 도시 크로톤에 정착해 비밀스러운 학파를 설립하고, 그곳에서 일종의 금욕적

〈일출을 축하하는 피타고라스학파〉, 표도르 브로니코프

인 공동체 생활을 하며 학문적 연구와 종교 활동에 전념했다는 사실에는 대부분의 학자들이 동의한다.

표도르 브로니코프Fyodor Bronnikov, 1827-1902의 그림 〈일출을 축하하는 피타고라스학파〉에는 해를 바라보며 경이로움을 표하는 피타고라스와 그의 제자들의 모습이 담겨 있는데, 이 그림에 묘사된 피타고라스는 수학자라기보다 마치 교주와 같은 모습이다. 19세기의 상상력으로 그려진 작품이긴 하지만 옛사람들이 생각하던 피타고라스의 종교적 성향이 잘 담겨 있다. 대표적으로 아리스토텔레스 같은 학자는 피타고라스를 언급할 때마다 수학보다는 종교에 관해 더 많은 이야기를 했다.

그리스의 신플라톤주의 철학자 이암블리코스Iamblichos, 250-325 추정의 책 『피타고라스 일대기』에 의하면 피타고라스는 탈레스Thales, 기원전 624-546 추정의 제자였다. 탈레스는 소크라테스 이전의 철학자 가운데 가장 중요한 인물로 서양 전통에서 철학의 창시자로 불리기도 한다. 이암블리코스는 다음과 같이 이야기한다.

피타고라스의 재능에 감복한 탈레스는 더 이상 가르칠 게 없다고 판단하고 그에게 학문 정진을 위해 이집트로 떠날 것을 조언했다. 피타고라스는 이집트로 향하던 중 시돈을 방문하는데, 이는 자신의 출생지이기도 하고 이집트로 가는 최적의 경로라고 생각했기 때문이다. 그는 여정에서 여러 학자들과 사제들을 만나 종교와 철학에 관해 이야기를 나누고 탐구했다. 이는 종교적 감성보다 철학적 탐구에 대한 열정에서 기인한 것이었다. 신 숭배의 신비와 예식의 이면에 존재할지도 모르는 지식을 어느

한 부분도 놓치지 않으려 했던 그는 페니키아에서 배운 것이 이집트 사제들의 지혜에서 기인한 것임을 확인하고 사상의 근원지인 이집트에서 더 순수하고 숭고한 깨달음을 얻어야 한다는 결론에 디디랐다.

그리스 철학자 포르피리오스Porphyrios, 234-305가 쓴 『피타고라스 평전』에는 피타고라스가 행한 많은 일들이 기록되어 있다.

피타고라스는 이집트에서 사제들과 생활하며 그들의 언어와 지혜를 배웠고, 서간문자epistolographic와 상형문자hieroglyphic, 상징문자symbolic를 학습했다. 아라비아에서는 왕을 알현했으며, 바빌론에서는 칼네아인과 어울리며 특히 과거의 삶으로부터 자신을 정화해준 조로아스터의 사상에 빠져들었다. 그는 다양한 국적의 사람들과 함께 지내며 깊은 지혜를 얻었고, 자연과 만물의 원리에 대해 배웠다.

지금 식으로 말하자면 피타고라스는 그 당시 이미 유학

생이었고 국제화된 세계인이었다. 그는 무언가를 배우고 깨닫고 성장하기 위해 과감하게 자신이 태어난 곳을 떠나 넓은 세상으로 향했다.

아풀레이우스Apuleius, 124-170 추정의 저서 『플로리다Florida』에는 당시의 과학 지식에 만족할 수 없었던 피타고라스가 칼데아인과 인도의 현인 브라만을 찾아가는 이야기가 담겨 있다. 즉 많은 저자들이 동의하는 바가 피타고라스는 배움을 위해 언제든, 어느 곳으로든 주저 없이 떠날 준비가 되어 있는 사람이었다는 사실이다.

아풀레이우스에 의하면 피타고라스는 브라만을 통해 신체와 정신을 수양하는 법을 배우고 영혼과 윤회사상을 습득하면서 신이 다스리는 세상에서 각 개인에게 주어진 고통과 보상에 대해 깊이 생각했다. 그의 이러한 철학적 사상은 그리스 철학에 많은 영향을 끼치게 된다. 가령 플라톤의 글 중에 떠돌던 영혼이 사람의 몸을 드나든다는 식의 이야기가 종종 등장하는데 피타고라스를 통해 힌두교와 불교의 영향이 작용했을 것이라는 추측이 가능하다.

아풀레이우스는 기원후 2세기에 존재했던 인물이고, 이암블리코스나 포르피리오스는 기원후 3세기의 인물들이다. 반면 피타고라스가 살았던 때는 기원전 6세기다. 그런 만큼 수백 년 전에 존재한 인물의 일대기를 담은 전기나 평전을 보면서 우리는 어디부터 어디까지 믿어야 할지 판단하기 어렵다. 고대의 억사란 대체로 그런 것이 아닐까.

그보다 훨씬 현대에 가까운 18세기에 프랑스의 작가 볼테르Voltaire, 1694~1778의 저서『인도에서의 모험Aventure Indienne』에는 피타고라스가 인도에 머물며 고행주의자들로부터 동물과 식물의 말을 배웠다는 대목이 있다. 물론 볼테르가 풍자를 즐기는 작가였던 만큼 그의 문장들에 상당 부분 농담이 섞여 있었을 것이다. 그러나 그때까지도 피타고라스가 전설 속에서나마 요주의 인물이었다는 사실을 잘 보여준다.

피타고라스의
놀라운 발견들

서양 사상의 역사에는 피타고라스의 주요 업적들을 다음과 같이 생각하는 전통이 있었다.

첫째, 17세기까지만 해도 음악학자들은 피타고라스를 음악 이론의 창시자로 여겼고, 수천 년 동안 음악은 과학의 일부로 간주되어왔다. 그 이유는 피타고라스의 여러 업적 가운데 손꼽히는 '화음 이론' 때문이다.

둘째, '피타고라스 정리'(이것을 피타고라스가 발견한 것이라고 하기에는 무리가 많다. 피타고라스가 활동하기 1000년 전에서 1500년 전 사이에도 이미 바빌로니아에 알려져 있었다는 근거가 존재하기 때문이다. 또 기원전 800년에서 400년 사이에 쓰인 인도의 슐바경에도 이 정리가 언급되어 있다. 그렇더라도 고대 그리스인늘이 '피타고라스 정리'라는 말을 사용한 건 분명하며, 지금껏 우리에게도 그렇게 전해져 오고 있다).

셋째, '정다면체의 분류'. 정다면체는 다면체 중 한 꼭짓점에 모이는 면의 수와 만나는 각도가 같고, 면의 모양도

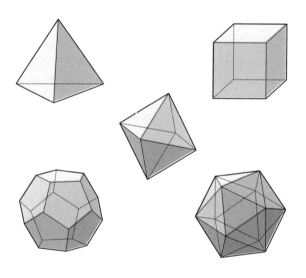

피타고라스가 정팔면체와 정이십면체는 몰랐다고 주장하는 사람도 있다.

피타고라스의 황홀한 규칙

모두 같은 정다각형을 말하는데, 피타고라스는 이 세상에 존재하는 정다면체가 오직 정사면체, 정육면체, 정팔면체, 정십이면체, 정이십면체 이렇게 다섯 개뿐이라는 놀랍고도 흥미로운 사실을 발견했다고 한다.

넷째, 피타고라스의 또 다른 업적으로 '비율 이론'이라는 말이 있는데 지금 식으로 재해석하면 각종 평균값, 산술, 기하, 조화 평균 등의 발견을 이야기하는 것 같다.

다섯째, '지구 구형설'. 피타고라스가 월식이 일어날 때 달의 표면에 비치는 지구의 그림자를 관찰해 지구가 둥글다는 사실을 발견했다고 한다.

여섯째, 아침에 보이는 금성과 저녁에 보이는 금성이 같은 천체라는 사실. 그러나 이 놀라운 관찰의 근거에 대한 이야기는 문헌에서 찾아보기 어렵다.

전통적으로 전해지는 이 목록을 있는 그대로 받아들인다면 문명의 역사에서 피타고라스의 중요성은 상상할 수도 없을 정도로 크다. 영국 철학자 화이트헤드Whitehead, 1861-1947는 자신의 저서 『과정과 실재』에서 플라톤의 중요성을 강조하기 위해 "유럽 철학 전통은 플라톤에 대한 일련의 각주로 구성되었다"라고 주장했다. 화이트헤드의 이러한 주장은 피타고라스에게도 그대로 적용할 수 있다. 즉 '과학 전통은 피타고라스에 대한 일련의 각주로 구성되어 있다'고 말할 수 있을 성도나.

　그런데 앞서 강조했듯이, 이러한 종류의 발견의 원천에 대한 이야기는 거의 전설이라고 표현하는 게 맞을 것 같다. 그 당시 사상의 실제 조류에 대해서는 연구도 많지 않았을 뿐더러, 훨씬 최근에 나온 중요한 아이디어들도 그 출처를 정확히 알아내기가 힘들기 때문이다. 그럼에도 우리는 역사적 정확성은 어느 정도 접어두고 '피타고라스의 업적' 중 과학의 역사에서 가장 중요한 두 가지에 대해 조금 더 깊이 거론해보기로 하자.

수학이라서 더 아름다운,
화음

피타고라스의 여러 발견 가운데 우리가 자세히 살펴볼 것 중 하나는 '화음 이론'이다. 그런데 피타고라스의 화음 이론 역시 그 시작에 대해서는 여전히 분명하지 않다. 망치질 소리를 듣고 처음으로 화음이라는 개념을 생각해냈다는 전설이 있기는 하다. 각기 손잡이의 길이와 무게가 다른 망치들을 동시에 쇠에 내리쳤을 때 여러 종류의 음이 발생하는데, 그때 어떤 망치들의 소리는 서로 잘 어울리는가 하면, 어떤 망치들의 소리는 서로 조화를 이루지 못하는 것을 관찰하면서 화음의 개념을 알게 되었다는 이야기다. 하지만 이 전설은 믿기 어렵다. 망치에서 (근사적으로라도) 일정한 높이의 음이 나오도록 한다는 것은 거의 불가능하기 때문이다. 이보다 더 설득력 있는 이론은 지금의 기타와 비슷한 고대의 악기인 리라lyre의 현의 길이를 관찰하면서 그 길이에 따라 음의 높이가 바뀌는 것을 보고 화음 이론을 만들었다는 주장이다.

피타고라스의 화음 이론의 근간을 현대적 관점으로 설명하자면 음의 높낮이를 주파수와 연관 짓는 것이 핵심이다. 그 주파수는 현이 진동할 때의 주파수일 수도 있고, 스피커의 막이 진동하면서 생기는 주파수일 수도 있다. 우리가 가장 직접적으로 듣는 것은 그 소리를 듣는 귀 앞의 공기 압력이 변하는 주파수다. 압력이 빠른 속도로 올라갔다 내려갔다 하며 변하는 패턴이 소리로 인식되는데, 1초에 몇 번 오르내리는지를 측정하는 주파수가 우리에게 음의 높낮이가 되는 것이다. 가령 압력의 기복이 1초에 440번 일어나면 그 소리의 주파수를 440Hz라고 하며, 우리는 그 소리를 중간 '라'음으로 인지한다.

기타나 리라로 생성된 음의 높이를 수학 공식으로 나타내면 다음과 같다.

피타고라스의 황홀한 규칙

$$f = \frac{1}{2L} \sqrt{\frac{T}{d}}$$

여기서 f는 소리의 주파수이고 L은 현의 길이, T는 장력, d는 밀도를 나타낸다. 1강에서부터 수학 공식이 나오는 걸 보고 지레 책장을 덮으려는 독자들이 있을 수도 있는데, 음의 형성을 설명하기 위한 아주 간단한 공식이므로 무시해도 좋다. 다만 이 공식을 약간만 들여다볼 의향이 있다면 다음과 같은 사실들을 도출할 수 있다.

첫째, 현의 길이가 길수록 낮은 음이 난다. 현의 길이가 늘어나면 분모가 커지므로 주파수는 작아진다. 주파수가 작다는 것은 우리가 감지할 때 낮은 음으로 들린다는 것을 의미한다. 즉 현이 길어지면 음이 낮아진다는 사실을 알 수 있다.

둘째, 현의 장력이 셀수록 높은 음이 난다. 현의 장력이 셀수록 주파수가 높아지는데, 주파수가 높다는 것은 높은 음이 난다는 것을 의미한다. 예를 들어 기타나 바이올린 현을 팽팽하게 감을수록 더 높은 음이 나는 것과 같은 이치라고 생각하면 된다.

셋째, 현의 밀도가 높을수록 낮은 음이 난다. 밀도는 물질이 얼마나 들어 있는가를 측정하는 것인데, 예를 들어 기타나 바이올린 같은 경우 현의 밀도가 높다는 것은 현이 그만큼 굵다는 것을 의미한다. 현악기를 연주해본 사람이 리면 쉽게 알 수 있을 텐데, 현이 굵을수록 당연히 낮은 음이 난다.

위의 공식은 이러한 사실을 모두 내포하고 있는데, 이처럼 수학적인 등식으로 표현하면 거기에는 우리가 관찰한 사실들보다 훨씬 더 정량적인 정보가 담기게 된다. 가령 현의 길이를 두 배로 늘이면 주파수는 반으로 줄어들고, 반대로 현의 길이를 반으로 줄이면 주파수는 두 배로 늘어나며, 또한 장력을 네 배로 늘이면 주파수는 두 배로 늘어난다는 것을 알 수 있다. 제곱근 때문에 장력에 대한 의존도가 길이에 대한 의존도보다 작아서 현 끝에 있는 못으로 비교적 섬세한 조율을 할 수도 있다.

이 공식을 피타고라스가 알았을 리는 없다. 이것은 현대 미분방정식 이론에서 나왔기 때문이다. 그러나 일종의 암시와 직관적인 이해가 있었을 것이라고 상상하는 것도 재미있는 일이긴 하다.

어쨌든 피타고라스는 두 개의 현을 동시에 울렸을 때 현

길이 비율	주파수 비율	화음
$\dfrac{2}{3}$	$\dfrac{3}{2}$	5도
$\dfrac{3}{4}$	$\dfrac{4}{3}$	4도
$\dfrac{4}{5}$	$\dfrac{5}{4}$	장3도
$\dfrac{5}{6}$	$\dfrac{6}{5}$	단3도

의 길이 비율에 의해 화음이 일어난다는 것을 알게 되었다. 그는 두 개의 현을 똑같은 조건으로 유지한 뒤 길이만 바꿨을 때 실제로 어떤 음이 생성되는지를 관찰했을 것이다.

이는 기본적인 주파수를 합해 새로운 화음을 생성할 수 있다는 것을 밝혀낸 최초의 정량적 관찰이었다. 피타고라스는 도표에서처럼, 예를 들어 길이를 3분의 2로 바꾼 현과 원래의 현을 동시에 울리면 주파수 비율이 2분의 3이 되는데, 그러면 우리가 듣기에 5도 화음이 생성된다는 것을 관찰해냈다.

이렇게 화음이 생성되는 것을 관찰한 피타고라스는 화

1강 고대

음을 유리수(사실은 자연수 사이의 비율)로 설명함으로써 수를 가지고 더 많은 것을 설명할 수 있다는 확신을 갖게 되었다. 피타고라스의 화음 이론의 영향으로 형성된 '모든 것이 수'라는 명제는 이후 미치 피타고라스학파의 교리처럼 여겨졌다고 전해진다.

피타고라스의 화음 이론은 음악뿐만 아니라 우주와 자연의 모든 현상을 이해하는 데도 매우 중요하다. 음을 생성할 때 소리의 주파수가 기본이지만 이보다 더 중요한 것은 모든 소리가 주파수의 합성으로 만들어진다는 사실이다.

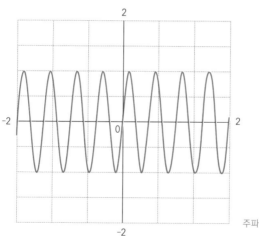

주파수 2Hz

피타고라스의 황홀한 규칙

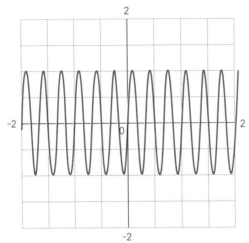

주파수 3Hz

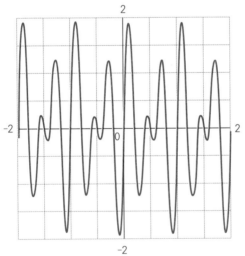

주파수 2Hz와
3Hz의 합성

1강 고대

'스펙트럼 애널라이저spectrum analyzer'라고 해서 주파수 스펙트럼을 분석하는 장치가 있다. 여기서 어떤 소리의 스펙트럼이란 그 소리 안에 섞여 있는 주파수들을 말한다. 온라인으로 녹음 파일을 업로드히면 그 소리에 들어 있는 주파수를 모두 그림과 색깔로 표현해주는 기계도 있다. 인터넷에 '스펙트럼 애널라이저'라고 검색하면 이 장치를 통해 누구나 주파수를 분석할 수 있는데, 요즘은 이렇게 모든 소리를 주파수로 나누어 분석도 하고 녹음도 하고 재현도 한다. 이 주파수 분석이 모든 소리 과학기술의 근본이며, 이 또한 피타고라스의 관찰로부터 시작되었다.

　그런데 이게 전부가 아니다. 강력한 레이저로 원자 사진을 찍으면 보송보송하고 불분명한 모양이 나타나는데, 실제 원자의 모습이 그렇다.

　불분명한 그것을 자세히 들여다보면 볼수록 물질의 모양이 없어지는데 이것이 20세기의 양자역학, 입자물리의 놀라운 발견이다. 원자도 소리와 비슷한 성질을 가지고 있는데 일종의 주파수를 가진 파동이라고 볼 수 있다. 물론 나 자신을 비롯해 책, 칠판, 연필, 책상, 동굴 등 모든 물질의 개체들이 원자의 합성으로 이루어진다.

　　　　　　　　　　　　　　피타고라스의 황홀한 규칙

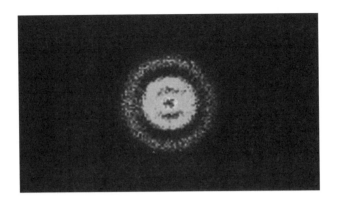

강력한 레이저로 찍은 원자 사진

　고대 철학에서는 원자의 개념이 기원전 460-370년 사이 레우키포스Leucippus, 기원전 5세기와 데모크리토스Democritus, 기원전 460-370에 의해 처음 제안되었다고 전해진다. 이들이 생각한 원자의 개념은 우리가 시각적으로 생각하는 종류의 원자, 즉 조그마한 공 같은 것들이 합쳐져 만들어지는 것이었다. 그리고 그것이 공이 아니라 사면체일 수도 있고 혹은 육면체일 수도 있다는 주장도 있었다. 하지만 근본적으로 조립식 블록인 레고의 합성처럼 조그마한 벽돌 같은 것들이 합쳐져 큰 물체가 생긴다는 식의 착안이었다.

　하지만 현대적인 관점에서 큰 물체가 원자로부터 생성

되는 과정은 순수 주파수가 합쳐져 복잡한 소리가 이루어지는 과정과 훨씬 비슷하다. 원자로부터 혹은 기본 입자로부터 큰 물체가 만들어지는 것을 수학적으로 표현하면 기본 주파수를 합쳐 복잡한 음이 되고 화음도 되고 소리도 되는 과정과 유사하다(조금 더 정확히 이야기하자면 소리의 합성은 기본음들의 덧셈과 비슷한 반면, 원자들의 합성은 기본음들의 일종의 곱셈과 유사하다).

'원자 이론의 창시자가 누구인가?' 하는 물음에 레우키포스와 그의 제자 데모크리토스라고 대답하는 것이 일반적인 주장이지만, 나의 관점에서 만큼은 피타고라스의 화음 이론이 진정한 원자 이론의 시작이라고 생각한다. 이 책에서 원자론은 몇 차례 등장할 것이고, 어쩌면 겉으로 드러난 내용 뒤에 자리하고 있는 무의식적인 역사의 길잡이라는 느낌도 있다.

이게 다 피타고라스 정리
덕분이다

많은 사람들이 학교 다닐 때 배운 대부분의 수학 공식은 잊어버려도 유일하게 기억하는 공식이 '피타고라스 정리'일 것이다. 이를 다음의 그림처럼 간단히 설명하면, 직각삼각형의 빗변을 하나의 변으로 하는 정사각형의 면적은, 다른 두 개의 변을 각각 하나의 변으로 하는 두 개의 정사각형의 면적의 합과 같다는 정리다. 이 또한 마찬가지로 수학적인 등식과 그림을 이용하는 것이 좋다.

이것을 등식으로 표현해 직각삼각형의 밑변을 a라고 하고 높이를 b, 빗변을 c라고 하면 $c^2=a^2+b^2$이라는 뜻이다.

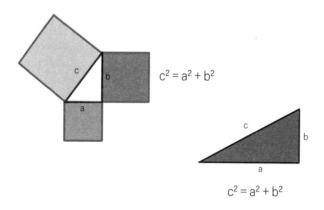

$$c^2 = a^2 + b^2$$

$$c^2 = a^2 + b^2$$

우리가 익히 잘 알고 있는 피타고라스 정리

직각삼각형일 경우에만 이런 등식이 성립하고, 직각이 아니면 c^2과 a^2+b^2이 달라진다. 이 때문에 가령 변의 길이가 5, 6, 8인 삼각형은 직각이 아니라는 사실을 계산만 하면 알 수 있다.

피타고라스 정리는 수학의 역사, 심지어 인류의 역사에서 가장 중요한 정리라고 할 수 있다. 그런 면에서는 거의 모든 사람이 역사상 가장 중요한 정리를 알고 있는 셈이다. 거기에는 그럴 만한 여러 가지 이유가 있는데, 특히 핵심적인 두 가지 이유를 살펴보자.

아래에 세 개의 점이 있다. 우리는 이 그림을 보고 점의 좌표를 읽을 수 있다. A라는 점의 좌표는(1, 1), B라는 점의 좌표는 (-3, 2), C라는 점의 좌표는 (-π, -π)다.

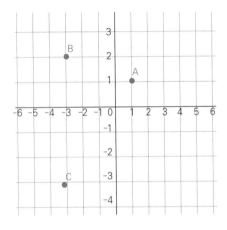

A = (1, 1)
B = (-3, 2)
C = (-π, -π)

이렇게 우리가 평면상의 점의 정보를 수의 순서쌍으로 표현하는 방법을 알고 있는 것은 학교에서 좌표 개념을 배웠기 때문이다. 이 개념은 일상에서도 유용하게 적용된다. 가령 남북으로 뻗은 도로를 애비뉴avenue, 동서로 뻗은 도로를 스트리트street로 부르는 미국의 뉴욕이 좌표계처럼 계획된 대표적인 도시다. 그래서 이곳 사람들은 약속을 할 때 "7번 애비뉴 30번 스트리트에서 만나"자는 식으로 말하곤 한다. 즉 좌표 (7, 30)으로 꼭 집어 정확하게 약속 장소를 정하는 것이다. 뿐만 아니라 우리가 지구상의 위치를 위도, 경도로 표현하는 것 또한 좌표를 이야기하는 것이다. 이렇게 위치의 정보를 수의 순서쌍으로 표현하는 것이 좌표계다.

그런데 좌표가 이렇게 위치 자체의 정보로도 중요하지만 기하학적으로도 굉장히 중요한 이유가 있다. 바로 피타고라스 정리를 이용했을 때 나타나는 어떤 현상 때문이다. 점을 좌표로 표현한 뒤 두 점 사이의 거리를 알고 싶을 때 우리는 다음과 같은 공식을 이용해 그 거리를 구할 수 있다.

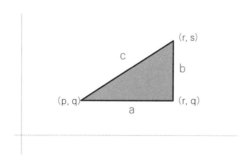

좌표(p, q)와 좌표(r, s) 사이의 거리: $\sqrt{(r-p)^2 + (s-q)^2}$

피타고라스의 황홀한 규칙

앞의 그림을 보면 (p, q)라는 좌표의 점이 있고, (r, s)라는 좌표의 점이 있다. 임의의 이 두 점을 잇는 선을 그린 뒤 그 선을 빗변으로 갖는 직각삼각형을 그릴 수 있다. 그런 다음 이 직각삼각형에 피타고라스 정리를 적용하면 앞의 식처럼 두 점 사이의 거리를 구할 수 있다.

이 간단한 공식이 뭐가 그렇게 대단하다고 그러냐고 생각하는 사람도 당연히 있을 것이다. 하지만 이것이 중요한 이유는 우리가 좌표만 알면 직접 자로 재지 않고도 모든 거리를 측정할 수 있기 때문이다. 거리는 기하학적 개념이지만 두 개 점의 좌표를 이 공식에 대입해 계산만 하면 두 점 사이의 거리를 얼마든지 측정할 수 있다. 거리라는 기하학적 개념을 이렇게 순전히 대수로 표현할 수 있게 된 것이 바로 피타고라스 정리 덕분이다.

$$\sqrt{a(r-p)^2 + b(s-q)^2 + c(r-p)(s-q)}$$

피타고라스 정리가 중요한 또 하나의 조금 어려운 이유는 이 공식에서 출발해 기하학을 일반화하는 게 가능하기 때문이다. 위의 공식은 일반적인 기하학의 거리 공식이다. 두 점 사이의 거리 공식을 피타고라스 정리가 성립하지 않도록 바꾼 것이다. 좌표 두 개가 주어졌을 때 $(r-p)^2+(s-q)^2$이 아니라, 그 앞에 계수를 하나씩 붙이거나 $(r-p)+(s-q)$ 앞에 계수를 붙여 그것을 전부 더해준 다음 제곱근을 취하면 거리 공식이 바뀐다.

놀라운 사실은 이렇게 순 대수적인 방법으로 정의한 거리가 우리가 경험하는 평면 기하를 일반화하는 데에 사용할 수 있다는 것이다. 즉 우리가 볼 수 있는 좌표 평면을 눈에 안 보이는 다른 공간의 지도로 생각하면서 원래 공간의 길이를 표현하는 공식을 위와 같이 생각하는 것이다. 예를 들어 (r, s), (p, q)가 지구상 두 점의 위도와 경도인 경우를 생각하면 이해하는 데에 도움이 될 것이다. 그때는 지구가 둥글다는 사실 때문에 피타고라스의 정리가 성립하지 않는다. 따라서 보통의 거리 공식도 적용할 수 없다. 그러나 (위도, 경도) 좌표로부터 원래 거리를 되찾는 방법이 무엇일까 생각하면 결국 위와 같은 일반적인 거리 공식이 필요하다(사실은 아주 작은 선분에 적용되는 이러한 공식과 함께 '적분' 이론이 필요하다).

이상한 기하의 또 다른 예를 보자. 다음의 그림처럼 어떤 점에서 시작하는 화살표가 하나 있고, 그 화살표의 좌표가 v_1, v_2로 주어지면 그 화살표의 길이가 $\sqrt{v_1^2+v_2^2}$이 되는 것이 피타고라스 정리다. 하지만 이 공식이 성립하지 않도록 어떤 분모를 넣어준다. 1에 가까워지면 화살표의 길이가 점점 커지게끔 하는 식으로 기하의 변화를 대수적으로 표현함으로써 매우 일반적인 추상적 기하를 만드는 방법이 피타고라스 정리의 변형으로부터 나온 것이다. 출발점은 당연히 피타고라스 정리다. 대수를 통해 어떻게 기하

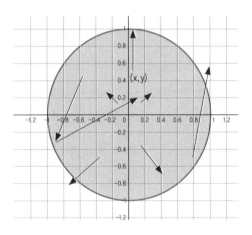

(x, y) 지점에서 출발하는 화살표 $v = (v_1, v_2)$의 길이: $\sqrt{\dfrac{v_1^2+v_2^2}{(1-x^2-y^2)^2}}$

를 일반화하는지 간략하게 설명한 것뿐, 이것에 대해 여기서 자세히 이해할 필요는 없다.

피타고라스 정리가 인류에 어떤 영향을 끼쳤는지를 정리해보면, 먼저 순수 대수학을 이용해 기하학을 기술할 수 있도록 했다는 점이다. 좌표 만을 이용해 거리를 계산했다는 것은 순수 대수학을 계산해 기하학적인 양을 표현했다는 뜻이다.

한편으로는 이를 통해 계산기하학이라는 것이 가능해졌다. 근본적으로 컴퓨터가 하는 기하학이라고 생각하면 된다. 가령 우리가 컴퓨터에서 그림 파일을 볼 때 그 그림은 사실 0과 1이라는 수들의 조합으로 이루어진 것이다. 다시 말해 반도체 전류가 흐르는 상태와 흐르지 않는 상태를 표현하는 0과 1이 컴퓨터 안에 들어 있는 정보의 전부라는 뜻이다. 그럼에도 불구하고 수만으로 이루어진 정보를 가지고 우리는 기하학적인 정보를 뽑아낼 수도 있다. 가령 구글에는 두 개의 그림을 비교하는 기능이 있는데, 어떤 그림을 업로드하면 그것과 유사한 그림을 구글 알고리즘이 찾아준다. 어떻게 그것이 가능할까? 그에 대한 구체적인 과학기술은 매우 복잡하지만, 비교하는 데에 필요한 아이디어의 근본은 모두 피타고라스 정리에 들어 있다. 즉 대수적인 계산만 가지고 기하를 할 수 있다는 사실이 핵심이다.

그다음 위에서 잠시 설명했던 일반적인 기하학, 피타고라스 정리가 성립하지 않도록 대수적으로 바꿈으로써 새로운 기하를 창출해가는 과정이 여러 종류의 추상적 기하를 만드는 데에 도움을 주었다. 특히 우리가 우주 자체의 기하를 표현하려면 우주 안에서부터 묘사하는 방법을 사용할 수밖에 없다. 우리는 그 우주 안에 살고 있어서 우주 밖에서 관찰하는 것은 불가능하기 때문이다. 그래서 이것을 바로 대수적으로 묘사하는 것이다. 두 점 사이의 거리를 피타고라스 정리를 일반화하는 공식으로 표현함으로써 우주의 기하가 어떻게 되는지를 묘사하기도 하고, 우주의 모양에 대한 거리 이론을 만들 수도 있다.

그런데 실제 물리학적 관측에 기초한 거리를 이용하면 피타고라스 정리가 성립하지 않고 우주가 평평한 공간 기하가 아닌 다른 기하라는 사실이 이런 추상 기하 이론에서 나온다. 즉 우주의 내재기하학을 표현하는 데에 필요한 핵심 개념이 피타고라스 정리에서 출발한다는 것이다.

지금까지 피타고라스의 화음 이론이 사실은 원자론의 시초였고, 피타고라스의 정리는 추상 공간 이론의 근간이었다는 사실을 설명했다. 이로부터 어째서 과학의 역사가 피디고리스에 대한 일련의 각주로 구성되었는지 짐작이 갈 것이다.

2강
고대

아르키메데스의
위대한 발명

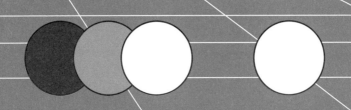

과연 욕구와 무관한 순수한 사고만이

애정과 열망의 대상이어야 할까?

위대한 발견 뒤엔
언제나 수학이 있었다

아르키메데스Archimedes, 기원전 287-212 추정는 기원전 3세기 인물로, 그리스 도시국가의 전성기가 끝난 뒤 알렉산더 대왕의 제국이 건설되고 헬레니즘 문명이 번성하던 시기의 수학자다. 그는 우리가 학교에서 주로 배우는 많은 공식들을 처음으로 발견한 인물인데, 대표적으로 원의 면적, 구球의 표면적, 구의 부피 같은 기본적인 기하학적 측량값들을 알아냈다.

아르키메데스가 발견해낸 공식들은 가장 기초적인 과학이라고 볼 수 있다. 가령 그 당시 구 형태 물체의 면적을 구하기란 쉽지 않은 일이었을 테고, 그것을 계산할 수 있기까지는 많은 관찰과 사고가 필요했을 것이다. 뿐만 아니라 아르키메데스는 기하학의 면적과 부피에 관한 공식에서 무한소와 무한급수 개념을 암시적으로 다룸으로써 뉴턴과 라이프니츠보다 거의 2000년이나 앞서 미적분의 개념을 사용했다는 주장도 있다. 아르키메데스의 유명한 물리학 업적으로 정지해 있는 유체에 작용하는 힘과 압력을 연구하는 학문인 유체정역학hydrostatics의 발견도 있다.

아르키메데스는 여러 가지 유용한 기계들을 발명한 것으로도 유명했다. 전설에 의하면 고대 시대 최대 규모의 수

우피치 미술관 '수학자의 방'에 그려져 있는 벽화, 줄리오 파리지

아르키메데스가 발명한 갈퀴를 묘사한 벽화, 줄리오 파리지

송선을 제작하는가 하면, 기발한 전쟁 장비도 다수 발명했다. 오늘날의 시칠리아 남부에 위치한 도시 시라쿠사의 왕 히에론 2세는 아르키메데스를 고용해 불태우는 거울 burning mirror과 갈퀴claw, 사거리와 정확도가 뛰어난 투석기 등의 기계와 장비를 만들게 해 로마의 침략으로부터 도시를 지키도록 했다고 한다.

이탈리아 우피치 미술관에 있는 '수학자의 방'에는 아르

아르키메데스의 위대한 발명

키메데스가 발명한 불태우는 거울이 그려진 벽화가 전시되어 있다. 줄리오 파리지Giulio Parigi, 1571~1635가 그린 이 벽화에는 시라쿠사군이 오목거울의 원리로 태양광을 집중시켜 적선을 불태우는 장면이 묘사되어 있다. 줄리오 파리지는 아르키메데스가 발명한 갈퀴가 담긴 그림을 그리기도 했는데, 로봇의 손 같은 장치를 이용해 적선을 전복시키는 장면이다.

물론 그가 발명했다는 이러한 장비들이 텍스트상에서

낮은 곳에서 높은 곳으로 물을 끌어올리는 양수기

2강 고대

만이 아니라 실제로 작동했는지의 여부에 대해서는 확신하기 어렵다. 그러나 후대의 상상력에서 비롯된 그림일지라도 르네상스 시대까지 뻗어 나온 아르키메데스의 전설적 영향력을 짐작할 수 있게 해준다.

아르키메데스의 여러 발명품 중 그 작동 여부가 분명한 것 중 하나는 나사screw다. 그는 이 나사의 원리를 이용해 나선형 양수기를 만들었다고 전해지는데, 선박의 바닥에 물이 고였을 때 그 물을 빼는 데에 사용했다고 한다. 이러한 모양의 양수기는 오늘날에도 낮은 곳에서 높은 곳으로 물을 이동시킬 때 많이 사용된다.

아르키메데스의
기하학

앞에서 잠깐 언급했던 아르키메데스의 기하학적 발견 가운데 가장 기본은 원의 면적을 측정한 것이다. 우리가 알고 있는 원의 넓이를 구하는 공식은, 원의 반지름을 r이라고 했을 때 원의 넓이는 πr^2이라는 것이다. 그런데 아르키메데스의 논문에는 'πr^2'이라는 말이 등장하지 않는다. 대신 다음과 같은 그림이 그려져 있는데 원의 반지름을 r, 원주를 c라고 하고, 원의 면적과 그 아래 그려진 삼각형의 면적이 같다고 표현되어 있다.

이 그림을 우리가 알고 있는 현대 수학의 공식으로 해석

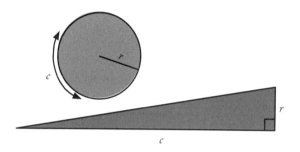

해보자.

직각삼각형의 밑변은 원주 c와 같고, 직각삼각형의 높이는 원의 반지름 r과 같다. 이 c는 우리가 알고 있는 $2\pi r$이다. 여기에 삼각형의 넓이를 구하는 공식 '$\frac{1}{2}$×밑변×높이'를 대입하면 $\frac{1}{2}(2\pi r)r=\pi r^2$이 된다. 그러니까 결국 원의 면적과 삼각형의 면적이 같다는 아르키메데스의 증명은 원의 면적은 πr^2이라는 현대 수학의 공식과 같다.

아르키메데스가 활동하던 시대의 사람들은 이렇게 기하학적 공식을 만들 때 수를 사용하는 것을 매우 꺼려했다(그렇게 된 배경에 대해서는 다음 강에서 설명할 것이다). 수를 사용하는 대신 아르키메데스의 논문에서처럼 원 같은 어려운 도형의 면적과 직각삼각형 같은 쉬운 도형의 면적

아르키메데스의 위대한 발명

의 넓이가 동일하다는 식의 논리를 펼쳤다. 그러한 주장들이 오늘날 우리가 사용하는 공식으로 진화하기까지는 많은 수학적 발전이 필요했다.

아르키메데스의 또 다른 발견인 유체정역학은 보통 부력의 원리라고 이야기한다. 부력은 기체나 액체 속에 있는 물체가 위로 뜨려고 하는 힘을 말하는데, 이때 '물속의 물체는 잠긴 부분만큼의 물의 무게와 그 물체 전체의 무게가 같아질 때까지 가라앉는다'는 것이 아르키메데스가 처음으로 발견한 원리다. 예를 들어 5000kg 무게의 배가 있다고 하자. 물의 경우에는 $1m^3$가 1000kg이므로 $5m^3$가 5000kg이다. 즉 잠긴 부분이 $5m^3$가 될 때까지 배가 가라앉는다는 것이 아르키메데스의 원리다. 그러니까 5000kg이라고 해도 가벼운 물질로 만들어진 큰 배라면 실제로는 얼마 안 잠긴다는 것을 알 수 있다(5000kg의 배가 상자 모양으로 (5m)x(10m)x(1m)일 때 얼마나 물에 잠기는지 계산해보라).

한 가지 재미있는 것은 아르키메데스에게는 유체정역학 역시 일종의 기하학이었다는 사실이다. 이점에 대해서는 다음 강에서 더 상세하게 설명할 것이다.

플루타르코스는 왜
아르키메데스를 찬미했을까

아르키메데스의 인생 역시 피타고라스의 경우처럼 그가 죽고 한참 지나서야 그의 이야기가 글로 전해지기 시작했다. 이것이 의미하는 바는 그들이 살았던 당대에 기록된 이야기가 거의 없거나 그 당시의 문헌이 보존되지 않았다는 뜻이다. 물론 구전되는 이야기들은 많았다. 우리에게 남아 있는 기록은 대개 수백 년 뒤에 쓰여진 것들이며, 그중 하나가 플루타르코스Ploutarchos, 46-120 추정가 쓴 『플루타르코스 영웅전』이다.

플루타르코스는 로마 시대의 그리스인으로 철학자이자

아르키메데스의 위대한 발명

작가였다. 그는 20대에 아테네에서 수학과 철학을 공부했고, 이후 카이로네이아에서 치안판사 및 여러 정부 관직을 역임했다. 그리고 철학과 윤리학을 비롯한 다양한 학문을 가르치는 학교를 운영했다.

95년부터는 델포이의 아폴로 신전에서 사제로 지냈다. 알다시피 델포이는 고대 그리스의 주요 도시였다. 방방곡곡에서 온 사람들이 신의 계시를 받는 신전이 있었기 때문이다. 그가 이곳에서 사제로 지냈다는 것은 매우 중요한 위치에 있었다는 것을 의미한다.

그의 저서 가운데 가장 유명한 작품은 단연 『플루타르코스 영웅전』이다. 다른 글은 거의 읽히지 않는다고 해도 과장은 아니다. 『플루타르코스 영웅전』은 간단히 말해 그리스와 로마 유명 인사들의 인생을 비교 연구한 책이라고 할 수 있다. 가령 알렉산더와 카이사르, 테세우스와 로물루스, 키케로와 데모스테네스를 비교한 글들이 담겨 있다. 그래서 원 제목의 직역은 '평행 전기'이다.

플루타르코스가 이 책을 쓴 목적은 그리스인과 로마인 사이의 이해를 증진시키기 위해서였다고 한다. 특히 그는 로마인들에게 그리스 문명을 이해시키는 데에 관심이 많았다. 또한 그는 철학적으로 이야기하면 플라톤주의자라고 할 수 있다. 플루타르코스는 그가 죽은 뒤 약 100년 후에 플라톤주의가 신플라톤주의로 재구성되는 데에 기여한 많은 사람 중 한 명이었다. 그는 플라톤주의의 관점을 바탕으로 위대한 영웅들의 일생을 서술했다. 플루타르코스는 아르키메데스에 대해 이렇게 이야기한다.

아르키메데스는 너무도 고귀한 정신과 깊은 영혼, 무수한 과학적 지식을 지니고 있었기에 뛰어난 발명을 통해 초인적인 천재로서의 명성을 얻게 되었으나 정작 본인은 그런 토픽에 대한 글이나 해설 등을 남기지 않았다. 기계나 단순한 응용 및 이윤을 목적으로 하는 모든 종류의 기술은 탐욕스럽고 비열한 것이라고 생각한 그는 인생의 저속한 욕구와는 무관한 순수한 사고에 큰 애정과 열망을 보였다. 순수한 학문이야말로 우리가 가장 존경해야 하는 것이며 그 어떤 것보다 중요하다는 데에 의심의 여지가 없었다. 유일한 관심사는 정확하고 설득력 있는 방법 및 증명을 통해 연구 대상의 아름다움과 웅장함을 제대로 탐구하는 것이어야 한다고 그는 믿었다.

플루타르코스는 아르키메데스를 매우 고고한 사람으로 묘사하고 있는데, 그의 영향으로 오늘날에도 아르키메데스에 대한 이와 같은 선입관이 많이 남아 있다.

『플루타르코스 영웅전』에서 정작 아르키메데스를 직접 다루는 챕터는 없다. 아르키메데스 이야기는 마르켈루스의 삶을 이야기하는 가운데 등장하는 한 대목에 불과하다. 마르켈루스Marcus Claudius Marcellus, 기원전 268~208는 제2차 포에니 전쟁 당시 시라쿠사를 정복한 로마 장군이다. 그러니까 아르키메데스가 자신이 발명한 여러 가지 기계와 장비들을 동원해 시라쿠사를 지키려던 시기에 쳐들어온 적장이다. 그렇다 보니 마르켈루스의 생애를 이야기하면서 그에게 정복당한 도시의 과학자였던 아르키메데스의 이야기를 꽤나 길게 하고 있다.

기원전 216년경, 카르타고의 장군 한니발은 칸나에 전투에서 로마군을 상대로 대승을 거둔다. 한니발은 역사학자들이 자주 언급하는 흥미로운 인물로, 역사상 가장 뛰어난 전략가 중 한 명으로 꼽히기도 한다. 시라쿠사는 한니발이 칸나에 전투에서 승리하자 로마와 동맹을 끊고 카르카고와 동맹을 체결한다. 그러나 이 선택은 시라쿠사의 엄청난 실수였다. 이 선택으로 인해 시라쿠사는 결국 기원전 212년, 로마에 침략당해 함락되고 만다. 플루타르코스에 의하면 아르키메데스는 시라쿠사가 함락되는 과정에서 목숨을 잃었다고 한다.

수학자를 사랑한 정치가, 키케로

아르키메데스에 대한 글 중에 로마의 정치가이자 웅변가, 작가인 키케로Marcus Tullius Cicero, 기원전 106-43의 수기도 후대에 큰 영향을 미쳤다. 키케로는 플루타르코스보다 약 150년 정도 이전에 활동한 인물이다. 로마의 독재자로 불리는 카이사르와 동시대를 살았던 그는 로마 공화국 후기, 정확히 말하자면 로마가 공화국에서 제국으로 넘어가던 전환기에 중요한 역할을 한 정치가이자 변호사였다.

키케로는 카이사르의 독재 정권으로 로마가 점차 중앙 집권화되자 기존 공화국으로의 회귀를 강하게 주장했다.

당연히 카이사르와 갈등이 많을 수밖에 없었다(사실 그는 일생 동안 정치적 입장이 여러 번 바뀌었다). 키케로는 카이사르가 살해된 뒤 옥타비아누스, 레피두스, 안토니우스로 이루어진 제2차 심두정치 하에서 국가의 적으로 선포되어 결국 기원전 43년에 처형된다.

키케로는 오늘날 로마 고전을 대표할 만한 인물로 꼽히기도 한다. 글솜씨와 웅변력이 워낙 뛰어나다 보니 중세 말기에 이탈리아 아레조의 문인 페트라르카가 키케로의 글을 재발견함으로써 르네상스가 시작되었다고 주장하는 사람들이 있을 정도다. 키케로의 글은 정교한 문학과 수사적 언어로 라틴어를 확립해 고전학도들 사이에 라틴어 글쓰기의 표본으로 여겨진다.

여기서 소개할 『투스쿨룸 대화』는 키케로가 인생 말년에 쓴 글이다. 키케로에 따르면 그리스는 더 이상 관습이나 도덕, 정치에 있어서 로마를 능가하지 못했지만 이론적인 지식에 있어서는 여전히 우세했기 때문에 로마인들에게 그러한 그리스 문명과 철학을 소개하는 것이 이 책의 주된 집필 목적이었다. 『플루타르코스 영웅전』과 다소 비슷한 동기다. 특히 스토아학파의 철학적 삶의 덕목에 대한 내용

아르키메데스의 위대한 발명

이 많이 담겨 있다. 키케로는 이 책을 통해 결국 덕이 있으면 행복한 삶을 살기에 충분하다는 것을 증명하고자 했다. 제목을 '대화'라고 지은 것은 훗날 카이사르를 암살한 자신의 친구인 브루투스Marcus Junius Brutus, 기원전 85-42와의 대화 형식으로 글이 진행되기 때문이다.

우리가 특히 관심 둘 부분은 『투스쿨룸 대화』 5권 64-66장의 한 대목이다.

기원전 75년경 시칠리아에서 검찰관을 지내던 중에 아르키메데스의 무덤을 발견하게 되었다. 시라쿠사인들은 그의 무덤에 대해 아는 바가 없었으며 무덤의 존재 자체를 부인하기도 했다. 하지만 그의 무덤은 존재했다. 가시덤불과 수풀에 덮여 있었다. 나는 그의 묘비에 구와 원기둥 그리고 이에 관한 비문 몇 줄이 새겨져 있다는 사실을 들은 기억이 났다. 그래서 아그리젠토 문Agrigentine Gate 주위의 수많은 무덤을 샅샅이 살펴보았다.

그러던 중 마침내 덤불 사이로 작은 기둥을 발견했다. 그 위에는 구와 원기둥의 조각이 있었다. 나는 즉시 당시 동행한 시라쿠사인들에게 내가 찾던 것을 발견한 듯하다고 말했다. 이윽고 사람들이 낫을 들고 왔고 무덤으로 가는 길이 확보되자 우리는 곧장 그곳으로 향했다. 비문은 모든 문장의 뒷부분이 닳아 있긴 했으나 여전히 읽을 수 있었다. 이렇게 해시 한 이르피노인(키케로 자신)이 찾아와 발견하지 않았다면, 그리스 시대의 가장 유명한 도시 중 하나이자 과거 배움의 중심지에서 가장 총명했던 시라쿠사인(아르키메데스)의 무덤이 존재한다는 사실조차 잊혔을 것이다!

〈아르키메데스의 무덤을 발견한 키케로〉, 벤자민 웨스트

키케로는 아르키메데스의 무덤을 찾는 경험에 대해 이야기하고 있지만 사실 이 글에는 시라쿠사인에 대한 많은 비판이 담겨 있다. 비판의 골자는 아르키메데스처럼 훌륭했던 시라쿠사 시민들이 점차 미개해져버렸다는 내용이다.

이 인용문에서 우리가 살펴볼 약간의 수학적 이야기는 아르키메데스의 묘비에 새겨져 있었다는 구와 원기둥에 대해서다. 아르키메데스의 구와 원기둥 이론은 오늘날 우리가 알고 있는 구의 부피 공식과 관련이 있다.

다음 그림처럼 구 주위로 원기둥이 있을 때 이 원기둥의 밑면의 반지름은 구의 반지름과 같고, 높이는 구의 높이와 같다. 이때 원기둥 속에 구가 들어가 있으니 이 원기둥의 부피가 당연히 구의 부피보다 클 텐데, 그게 정확하게 얼

2강 고대

마나 더 큰지를 묘사하는 것이 바로 아르키메데스의 구와 원기둥 정리다. 그것에 의하면 원기둥의 부피는 구보다 딱 2분의 3배 크다.

(원기둥의 부피)$=\frac{3}{2}$(구의 부피)

아르키메데스의 이 정리로부터 우리가 알고 있는 구의 부피 공식이 나온다. 그 이유를 잠깐만 살펴보자. 반지름을 r이라고 했을 때 원기둥 밑면의 넓이는 πr^2이고 높이는 2r이니까 원기둥의 부피는 $2\pi r^3$이다. 그런데 구의 부피는 아르키메데스의 정리에 의하면 $(2\pi r^3)\left(\frac{2}{3}\right)=\frac{4\pi r^3}{3}$이니까 우리에게 익숙한 공식이 된다. 원의 면적에 대해 이야기할 때와 마찬가지로 아르키메데스가 서술한 내용은 구의 어려운 부피를 원기둥의 쉬운 부피와 연관 짓는 것이다. 그것을 현대식으로 표현하면 구의 부피 공식이 나온다.

키케로는 아르키메데스가 자신의 발견 가운데 스스로 가장 자랑스러워 했던 것이 구와 원기둥 정리라고 말한다. 플루타르코스와 마찬가지로 키케로도 아르키메데스를 실용적인 목적에는 관심이 없는 고고한 학자로 묘사하고자

아르키메데스의 위대한 발명

하는 것이다. 키케로는 이렇게 글을 이어간다.

> 다시 본론으로 돌아가보자. 인류와 배움의 여신 무사이
> Muse를 조금이라도 아는 이 중에 그 누가 독재자보다 이
> 수학자의 삶을 더 동경하지 않을 수 있겠는가? 이들의 삶
> 의 방식과 과업을 살펴보면, 이론을 발견하고 탐구하는
> 자는 영혼의 자양분인 지식을 갈고 닦아 마음이 풍요로
> 워졌지만, 살인과 잘못을 저지른 자는 밤낮으로 공포에
> 떨게 되었다는 것이 분명해진다.

키케로가 쓴 이 글의 의미는 무엇일까? 여기서의 독재
자는 시라쿠사의 디오니시우스 1세기원전 432-367를 지칭하는
것인데, 그는 흔히 고대 저자들에 의해 가장 잔혹한 부류
의 폭군으로 묘사되는 인물이다. 다른 한편으로는 군사력
을 키움으로써 시라쿠사를 마그나 그라이키아의 가장 강
력한 도시로 만든 장군이기도 해서, 키케로의 눈에는 카이
사르와 비교할 만한 인물이었을 것이다. 수학자는 당연히
아르키메데스를 가리킨다. 키케로는 아르키메데스를 인류
와 배움의 여신 무사이를 떠올리게 하는 존재라고까지 칭

하면서 그나 자기처럼 학문적인 삶을 살고 덕이 있으면 마음이 풍요로워지지만, 디오니시우스나 카이사르처럼 독재 정치에 사로잡히면 밤낮으로 공포에 떨게 된다고 말하려는 것이다.

이 글을 쓸 당시 키케로는 정계에서 떠나 바닷가 안티움 근처에 있는 별장에 기거하고 있었다. 근래 자식을 잃은 슬픔에 잠겨 있기도 했던 그는 스스로를 돌아보고 성찰하는 날들을 지내고 있었는데, 어쩌면 글의 많은 대목이 자신에게 하는 이야기로 해석되기도 한다. 그의 생애를 통해 짐작해보면 그는 야심찬 성품의 소유자였을 가능성이 많음에도 스스로 명상과 철학에 심취함으로써 덕이 있으면 행복한 삶을 살기에 충분하다는 자신의 주장을 스스로에게 증명하려 한 듯하다. 하지만 그는 이 글을 쓰고 얼마 지나지 않아 다시 정계로 돌아갔고, 안토니의 미움을 사 약 2년 후에 처형당하고 말았다.

아르키메데스를
재발명하다

에릭 홉스봄Eric Hobsbawm과 테렌스 레인저Terence Ranger 외 여러 저자가 공동으로 쓴 『전통의 발명Invention of Tradition』이라는 책이 있다. 우리나라 번역본 제목은 『만들어진 전통』이다. 이 책에는 전통의 형성에 관한 구체적인 사례가 많이 등장하는데, 근본적인 주장은 전통이라는 것은 항상 재발명된다는 내용이다. 그러니까 사람들이 굉장히 오래되었다고 생각하는 '전통' 중에는 국가를 위해 혹은 정치적인 어떤 목적으로 새롭게 구성된 것들이 많다는 이야기다.

이 책에는 영국이나 프랑스 등 유럽의 사례가 많이 등

2강 고대

장하는데, 특히 국가주의가 번성하던 시기인 19세기에 많은 국가들이 정체성을 찾으면서 자국의 가치를 높이는 전통을 발명했다고 한다. 이번 강의 제목이 '아르키메데스의 위대한 발명'인 이유도 바로 여기에 있다. 아르키메데스가 실제로 장비나 기계 등 많은 것들을 발명했다는 전설을 암시하기도 하지만, 더 근본적으로는 후대의 사람들이 아르키메데스라는 사람을 다시 발명했다는 뜻이기도 하다.

앞에서 보았듯이 『플루타르코스 영웅전』에는 아르키메데스에 대해 다음과 같이 묘사되어 있다.

> 기계나 단순한 응용 및 이윤을 목적으로 하는 모든 종류의 기술은 탐욕스럽고 비열한 것이라고 생각한 그는 인생의 지속한 욕구와는 무관한 순수한 사고에 큰 애정과 열망을 보였다.

아르키메데스는 고대 과학자들 가운데 꽤 많은 문헌이 남아 있는 편에 속한다. 이미 언급한 원의 넓이를 구하는 논문이나 부력의 원리 등 두꺼운 책 한 권 정도 분량의 글들이 전해진다. 그런데 그 논문들을 자세히 살펴보면 아르

아르키메데스의 위대한 발명

키메데스가 발명이나 공학, 이윤을 위해 사용하는 것들을 비열하게 여겼다는 내용은 찾아볼 수 없다. 그의 논문들을 오늘날의 관점으로 분석해보면 오히려 그는 순수와 응용 사이를 자유롭게 오가는 수학자였다고 할 수 있다. 적어도 지금 생각하는 식의 순수 학문에 대한 집착을 아르키메데스 자신의 글에서는 전혀 발견할 수 없다.

그런데 플루타르코스나 키케로 등은 어째서 그의 순수성을 강조했을까? 여기에는 여러 이유가 있겠지만, 근본적으로는 플라톤주의의 영향이 컸을 것이다. 오늘날의 수학자들 가운데도 아르키메데스의 순수성을 그대로 믿고 있는 사람들이 많다. 아르키메데스가 죽고 수백 년이 지난 뒤에 쓰인 플루타르코스의 글을 인용하면서 그러한 믿음에 대한 근거로 사용하는 것이다.

그러나 다시 강조하지만 정작 아르키메데스 자신은 스스로 그와 같은 주장을 한 적이 없고, 수학적 사고의 순수성에 대해 강하게 생각했다고 믿을 만한 근거도 전혀 없다. 그렇다면 키케로나 플루타르코스 같은 사람들은 아르키메데스가 이러했을 것이라는 이야기를 통해 결국 자기주장을 하고 있는 것이다. 다시 말해 자신들이 살고 있는 시대의 특정한 이데올로기를 표방하는 하나의 일환으로 고대 인물의 왜곡된 형상을 재발명했다고 볼 수 있다.

전통의 발명은 적어도 두 가지 다른 형태를 취할 수 있다. 하나는 전통의 계승자들이 실행하는 건설적인 창조와 재구성이다. 사회의 건전한 발전은 어느 전통에도 영구적으로 의존할 수 없기 때문에 어떤 의미의 전통이든 오래된 건물이나 마찬가지로 시대적 필요에 따른 보수와 재건축이 지속되지 않으면 결국 효용이 없어진다는 사실을 감안한 재발명을 이야기하는 것이다.

또 하나의 형태는 순전히 이데올로기나 정치적 프로파간다와 결부된 '전통의 위조'가 있다. 그러한 면에서 본다면 키케로나 플루타르코스의 '플라톤주의적인 아르키메데스'는 수학의 후속 발달에 악영향을 미친 전통의 위조에 가깝다.

플루타르코스와
키케로의 교훈

수학적 플라톤주의는 크게 두 가지 주장으로 나누어볼 수 있다. 첫째는 '수학적 구조는 실재한다'는 철학적 주장이다. 이것은 '수학은 논리나 언어'일 뿐이라는 입장과 상반되는 철학이고, 이는 많은 수학자들의 믿음이기도 하다.

둘째는 '수학적 구조는 완벽하며 영속적'이라는 순수성과 완전성에 대한 주장이다. 플라톤주의의 영향은 많은 면에서 순수 과학과 응용 수학 간의 과도한 분열을 초래했다. 특히 두 번째 주장은 오늘날에도 악영향을 끼치고 있다는 것이 나의 생각이다.

수학자들이 학문을 연구하고, 또 전통이 형성되는 과정에는 여러 가지 동기가 복잡하게 섞이기 마련이다. 그럼에도 불구하고 이처럼 단순한 플라톤주의의 영향으로 인해 자기가 연구하는 학문을 지극히 제한적으로 생각하는 경우가 의외로 많다. 플라톤주의가 주장하는 수학 혹은 수학자에 대한 이론은 많은 경우 수학적 경험보다는 철학적 필요에 의해 만들어진 것이다. 아르키메데스 혹은 아르키메데스의 순수한 이미지 역시 아르키메데스 자신의 생각과는 무관하게 후대에 재발명된 것일 뿐이다. 다만 아르키메데스가 역사상 가장 뛰어난 수학자 중 하나였다는 사실만은 의심의 여지가 없다.

그러므로 학생들이나 젊은 수학자들이 자기가 배우고 연구하고자 하는 학문의 순수성이나 영원성에 대한 집착으로 스스로의 사고에 지레 제한을 두거나 어떤 이상화된 이념적·개념적 수학의 형상을 염두에 둘 필요가 없다는 것이 플루타르코스와 키케로의 글이 우리에게 주는 참 교훈이다.

3강
중세

—

바빌로니아
알고리즘과
$\sqrt{2}$의 발견

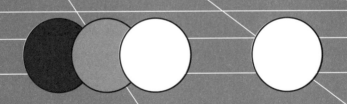

많은 사람이 수학은 모든 것을 정확하게 정의하면서

발전해왔다고 생각한다.

정말 우리의 관념처럼 수학의 실체도 그럴까?

고대 바빌로니아
수식의 위대성

대수학이란 수 대신에 문자를 사용해 방정식의 풀이 방법이나 대수적 구조를 연구하는 학문으로 덧셈, 뺄셈, 곱셈, 나눗셈 등의 연산을 떠올리면 이해가 쉬울 것이다.

$$(x+y)^2 = x^2 + 2xy + y^2$$

가령 우리가 학교에서 수학 시간에 배운 위와 같은 등식도 대수학이고, 다음과 같은 삼각함수 공식도 대수학이다.

$$\sin(x+y)=\sin(x)\cos(y)+\cos(x)\sin(y)$$

수학을 연구하면서 내가 가장 많이 관심을 두는 분야가 기하와 이러한 종류의 연산, 수, 함수 그리고 추상적인 대수와의 관계 등이다. 이번 강에서는 이러한 대수학이 중세에서 르네상스 시대로 넘어가는 과정에서 과학과 문명에 미친 영향을 살펴볼 것이다. 특히 과학혁명에서 대수학이 한 역할과 하지 않은 역할을 분석함으로써 정치와 과학 사이의 미묘한 관계에 대해서도 몇 개의 질문을 던질 것이다.

이 이야기를 시작하려면 우선 저 먼 고대로 거슬러 올라가야 한다. 기원전 1700년경에 만들어진 '바빌로니아 점토판'에는 놀랍게도 2의 제곱근, 즉 $\sqrt{2}$를 처음 근사적으로 계산한 값이 쐐기문자로 표시되어 있다. 현대 수학의 언어로 표시하면 점토판에 나온 $\sqrt{2}$의 근삿값은 다음과 같다.

$$\sqrt{2} \approx 1 + \frac{24}{60} + \frac{51}{60^2} + \frac{10}{60^3} \approx 1.41421297$$

그에 반해 인터넷 계산기로 계산한 값은 1.41421356237이다. 어떻게 그 옛날에 이 정도로 정확한 근삿값을 구했을까? 고대 바빌로니아 사람들은 제곱근을 구하는 방법을 가지고 있었던 것으로 추측된다. 수학 전통에서 '바빌로니아 방법'이라고 부르는 계산 알고리즘이 있는데, 이는 어떤 수 D의 근삿값을 구하는 매우 효율적인 방법이다. 먼저 $\sqrt{D}$의 근삿값을 구하기 위해 임의의 근삿값 a_1을 정한다. 그런 뒤 다음과 같은 '바빌로니아 방법'의 계산법을 거치면 $\sqrt{D}$의 근사치가 점점 더 정확해진다.

$$a_2 = \frac{1}{2}(a_1 + \frac{D}{a_1})$$
$$a_3 = \frac{1}{2}(a_2 + \frac{D}{a_2})$$
$$a_4 = \frac{1}{2}(a_3 + \frac{D}{a_3})$$
$$\vdots$$
$$a_{n+1} = \frac{1}{2}(a_n + \frac{D}{a_n})$$

이것이 의미하는 바는 순차적으로 새로운 근삿값을 계산해나간다는 것이다. 즉 n번째 근삿값 a_n으로부터 'n+1'번째 근삿값 a_{n+1}을 계산하는 방법이 주어진 것이다. 시작점 a_1은 어떻게 정해도 상관없는데, 물론 처음 짐작이 정확할수록 근사의 효율성이 좋아진다.

가령 우리가 $\sqrt{2}$의 근삿값을 구하고자 할 때 이것이 1보다 크다는 건 쉽게 짐작할 수 있다. 1의 제곱은 1이고 $\sqrt{2}$의 제곱은 2이기 때문이다. 그러므로 $\sqrt{2}$는 1보다는 크고, 2보다는 작다는 사실을 알 수 있다. 그래서 $\sqrt{2}$의 근삿값은 1과 2 사이일 테니 첫 번째 근삿값을 1로 추측해 계산을 시작하면 좋다. 또 $\sqrt{5}$의 근삿값을 구할 때도 마찬가지다. 이 값을 추측해보면 2와 3 사이다. 2의 제곱은 4이므로 $\sqrt{5}$는 2보다 클 테고, 3의 제곱은 9이므로 $\sqrt{5}$는 3보다는 작을 것이다. 이때는 2를 첫 번째 근삿값으로 추측해도 된다.

이렇게 첫 번째 근삿값을 정하는 방법은 비교적 느슨하지만 그다음이 조금 까다롭다. 이 부분에서 조금 어렵게 느껴질 수 있는데, 찬찬히 따라오다 보면 누구나 충분히 이해할 수 있다.

위의 공식에서처럼 첫 번째 근삿값을 a_1이라고 놓은 다음 두 번째 근삿값을 계산한다. 두 번째 근삿값은 첫 번째 근삿값 a_1에 $\frac{D}{a_1}$를 더한 뒤 그 더한 값을 2로 나눈다. 여기에 대해서는 설명이 조금 필요한데, $a_1 + \frac{D}{a_1}$를 2로 나눈다는 것은 a_1과 $\frac{D}{a_1}$의 중간값을 의미한다. 반면 a_1과 $\frac{D}{a_1}$를 곱하면 당연히 D가 된다. 그런데 $\sqrt{D}$라는 수는 자기 자신과 곱했을 때 정의상 D가 된다. 첫 번째 근삿값 a_1을 구했을 때 그 값이 $\sqrt{D}$보다 작을 수도 있고 클 수도 있다. 이때 a_1이 $\sqrt{D}$보다 작으면 $\frac{D}{a_1}$는 $\sqrt{D}$보다 커야 한다. 마찬가지로 a_1이 $\sqrt{D}$보다 크면 $\frac{D}{a_1}$는 $\sqrt{D}$보디 작이야 한다. 그래야만 곱이 D가 되기 때문이다.

그러므로 요점을 정리해보면 근삿값 a_1을 어떻게 잡더라도 $a_1<\sqrt{D}<\frac{D}{a_1}$를 만족하거나 $\frac{D}{a_1}<\sqrt{D}<a_1$이 되거나 부등식 두 개 중 하나가 성립해야 한다는 것이다. 따라서 a_1과 $\frac{D}{a_1}$ 두 개의 평균을 취하면 D의 제곱근에 더 가까워지게 된다. 이 과정을 반복하면서 계속 근사해나가는 것을 바빌로니아 방법이라고 한다. 이 방법을 통해 2의 제곱근을 한번 구해보자. 첫 번째 근삿값을 1, 즉 a_1=1이라고 상정하고 시작해보자.

$$a_2 = \frac{1+2}{2} = \frac{3}{2}$$
$$a_3 = \frac{1}{2}\left(\frac{3}{2} + \frac{2}{\frac{3}{2}}\right) = \frac{17}{12} \approx 1.417$$
$$a_4 = \frac{1}{2}\left(\frac{17}{12} + \frac{2}{\frac{17}{12}}\right) = \frac{577}{408} \approx 1.414$$

첫 번째 근삿값을 1이라고 한다면, 두 번째 근삿값은 $a_1 = \frac{1+2}{2} = \frac{3}{2}$ 이니까 1.5가 된다. 그다음 앞의 계산처럼 세 번째 근삿값을 구하면 1.417, 네 번째 근삿값을 구하면 약 1.414라는 소수점 값이 나온다. 이 계산법은 현대 수학에서도 제곱근을 구할 때 사용하는 방법이다. 이 정도로 효율적인 계산법을 고대 바빌로니아 수학자들이 이미 알고 있었다는 게 놀랍기 그지없다.

대수학의 위기 그리고
기하학의 등장

고대 바빌로니아 사람들은 기원전 1700년경에는 이미 제곱근을 구하는 방법을 알고 있었다. 하지만 기원전 5세기에 접어들면서 고대 수학에 위기가 찾아왔다는 전설이 있다.

　피타고라스학파의 한 일원이 무리수를 발견하게 된 것이다. 무리수를 발견했다는 표현이 조금 모호하게 와닿을 수도 있을 텐데, 구체적으로 말하면 $\sqrt{2} = \dfrac{m}{n}$을 만족하는 자연수 m, n이 없다는 것을 증명했다는 뜻이다. 이러한 증명은 어떤 가정을 한 뒤 그것으로부터 모순을 이끌어내는 귀

류법 또는 모순증명법을 사용했다. 어떤 명제가 참임을 직접 증명하는 대신 그 부정 명제가 참이라고 가정한 뒤 그로부터 모순이 도출됨을 증명함으로써 원래의 명제가 참인 것을 보여주는 간접증명법의 하나다. 이러한 증명 방법은 처음 수학을 배울 때는 개념적으로 조금 까다로울 수 있지만 익숙해지면 편리할 때도 있다.

어쨌거나 앞서 말한 바빌로니아 알고리즘은 $\sqrt{2}$를 점점 유리수로 근사해나가는 방법을 제시했다. 그들의 입장에서는 근사해나가는 과정에서 어느 순간 정확한 $\sqrt{2}$ 값이 유리수로 표현될 것으로 기대했을 수도 있다. 하지만 그러한 일이 일어날 수 없다는 것을 피타고라스학파에서 최초로 증명했다고 볼 수도 있다. 이 맥락에서 히파수스Hippasus라는 인물의 이름이 자주 언급된다.

"모든 것은 수다"라고 말할 만큼 수에 성스러운 권위를 부여했고, 모든 수는 자연수의 비율로 표현할 수 있다고 믿었던 피타고라스학파로서는 $\sqrt{2}$의 정체가 충격이 아닐 수 없었다. 그들은 무리수를 받아들이는 것은 곧 피타고라스학파의 세계관의 불합리성과 오류를 드러내는 일이라고 여겨 이 사실을 비밀에 부치기로 했다. 그러나 히파수스는 이 사실을 누설했다가 결국 이단으로 몰려 바다에 내던져 졌다고 한다.

이 발견이 충격적으로 받아들여진 이유는 무엇일까? 이것을 대수학의 위기라고 여긴 이유는 이전까지 수를 통해 많은 현상이나 응용을 포착하려는 시도들이 있어왔는데, 이 발견으로 인해 바로 그러한 시도들이 위기에 직면했기 때문으로 해석할 수도 있다. 하지만 피타고라스학파의 이야기가 진실이든 거짓이든 $\sqrt{2}$의 발견은 제논의 역설과 유사하게 자연을 대수적 이론으로 설명하는 것은 불가능하다는 의심을 제기했고, 이로 인해 당시 수 체계에 대혼란과 위기를 가져왔다는 것이 많은 사람들의 해석이다.

이후로도 오랫동안 그리스 수학은 수 체계에 대해 확신을 갖지 못했고, 이러한 불확실성은 수학의 발전을 저해시켰다고 보아야 한다. 이 대수학의 위기는 수세기에 걸쳐 에우독소스, 유클리드, 아르키메데스, 뉴턴에 이르기까지 많은 수학자들에게 엄청난 영향을 미쳤고, 그러면서 수학적인 이론을 기하학적으로 개발하는 전통이 생겨났다. 그런데 기하학적으로 수학을 개발한다는 것이 도대체 무슨 뜻일까? 이에 대해 이미 앞에서 다룬 두 인물의 경우를 예로 들어 살펴보자.

먼저 헬레니즘 시대의 아르키메데스(기원전 3세기)의 경우다. 앞에서 아르키메데스의 원의 면적을 측정하는 방법에 대해 이야기했던 것을 기억할 것이다. 우리는 반지름이 r인 원이 있을 때 그 원의 면적을 πr^2이라고 배웠다. 그러나 아르키메데스는 πr^2처럼 수로 표현하지 않고, 값을 구하기 쉬운 삼각형의 면적과 원의 면적이 같다고 증명하는 방법을 '원의 면적의 측정'으로 간주했다.

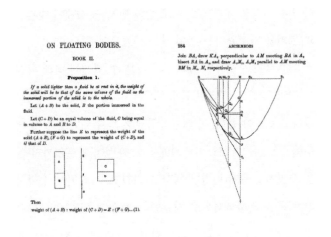

아르키메데스의 부력의 원리

뿐만 아니라 아르키메데스의 부력의 원리에 대해서도 앞에서 이미 설명한 바 있는데, 이 원리를 증명하는 논문도 다행히 남아 있다. 이 논문을 살펴보면 부력의 원리를 설명하는 모든 논리가 포물선, 직선 등의 기하학으로 전개되어 있는 것을 볼 수 있다. 아르키메데스의 다른 논문들도 거의 마찬가지다. 그의 논문들이 그토록 기하학적으로 전개되고 있었다는 사실이 수의 위기를 대변하는 과학의 전환점을 보여주는 것이 아닐까 생각하게 한다.

Corol. 1. Unde vicissim si vis sit ut distantia, movebitur corpus in Ellipsi centrum habente in centro virium, aut forte in circulo, in quem Ellipsis migrare potest.

Corol. 2. Et æqualia erunt revolutionum in Figuris universis circa centrum idem factarum periodica tempora. Nam tempora illa in Ellipsibus similibus æqualia sunt per Corol. 3 & 7 Prop. IV: In Ellipsibus autem communem habentibus axem majorem, sunt ad invicem ut Ellipseon areæ totæ directe & arearum particulæ simul descriptæ inverse; id est ut axes minores directe & corporum veloci-

tates in verticibus principalibus inverse, hoc est ut axes illi directe & ordinatim applicatæ ad axes alteros inverse, & propterea (ob æqualitatem rationum directarum & inversarum) in ratione æqualitatis.

Scholium.

Si Ellipsis, centro in infinitum abeunte, vertatur in Parabolam, corpus movebitur in hac Parabola, & vis ad centrum infinite distans jam tendens, evadet æquabilis. Hoc est Theorema *Galilei*. Et si Conisectio Parabolica, inclinatione plani ad conum sectum mutata, vertatur in Hyperbolam, movebitur corpus in hujus perimetro, vi centripeta in centrifugam versa.

뉴턴의 『프린키피아』의 일부

바빌로니아 알고리즘과 √2의 발견

수천 년 후의 사례로 또 한 명의 대표적인 인물은 17세기 과학혁명 시대의 뉴턴이다. 뉴턴의 『프린키피아』라는 책에 대해 많이 들어봤거나 어쩌면 이미 읽어본 분들도 있을 것이다. 1687년에 출간된 이 책은 뉴턴의 가장 유명한 저서이자 과학사의 가장 중요한 저서로 알려져 있다. 앞의 사진은 『프린키피아』의 한 부분이다.

　사진에 담긴 페이지에서 보이듯이 책은 타원과 점과 직선 사이의 상호작용으로 가득하다. 요즘 우리가 뉴턴의 운동법칙 등을 공부할 때는 함수나 함수의 미분 등 다분히 대수적인 접근법을 이용하지 저런 식의 증명을 취하지는 않는다. 하지만 이 책에서 뉴턴은 거의 모든 것을 기하학적으로 서술하고 있다. 이 역시 수 체계의 위기에서 비롯된 파급효과였다고 추측할 수 있다.

수학은 진보한다,
기반 없이도

$\sqrt{2}$의 무리수성의 의미는 선분의 길이를 다룰 때 이를 수로 표현하기를 기피하게 만들었다는 데에 있다. 임의의 선분의 길이를 표현할 만한 수의 체계가 완전하게 정립된 것은 그로부터 수천 년이 지나서다. 이를 보통 실수 체계라고 하는데 '실수'란 요새 식으로 생각하면 수직선 위에서 찾을 수 있는 수를 말한다. 유리수와 무리수를 통틀어 실수라고 하며, 우리가 알고 있는 모든 수는 수직선 위에 그 위치를 표시할 수 있다.

이 실수의 체계는 19세기에 오귀스탱 루이 코시Augustin

Louis Cauchy, 1789-1857와 카를 바이어슈트라스Karl Weierstrass, 1815-1897, 리하르트 데데킨트Richard Dedekind, 1831-1916 등의 학자들에 의해 정확한 논리와 대수적 방법으로의 표현이 발견되었다. 피타고라스로부터 약 2400년 정도의 시간이 지나서다. 직선을 수로 표현할 수 없다는 당시의 역설을 극복하기까지 꽤 오랜 시간이 걸린 셈이다. 특정한 전통 속에서 온갖 혼란을 겪으며 '실수란 무엇인가? $\sqrt{2}$란 어떤 수인가?'에 대한 답을 찾기까지, 즉 수의 체계, 실수의 체계를 정립하기까지 수천 년의 시간이 걸린 것은 사실이다.

하지만 한편으로는 '수가 무엇인가'에 대한 걱정 없이 얼마든지 수를 사용하는 사람들도 있었다. 이것을 철학적인 관점에서 말하자면, 많은 사람들은 수학이 모든 것을 매우 정확하게 정의하고, 논리적으로 전개하고, 확실성을 확보하고 추구하면서 발전한다고 생각한다. 그러나 놀랍게도 수학의 실체는 그렇지 않다. 우리의 생각과 달리 근사적으로 발전한 경우도 많고, 오류를 통해 발전한 경우도 있다. 대개의 발명이나 발견이 그렇듯이 수학 역시 그 역사를 살펴보면 우리의 고정관념에서 벗어나 다양한 현상 속에서 발전해왔다.

피타고라스의 이야기를 통해서도 언급했듯이 신기하게도 수 체계에 대위기가 닥쳐왔음에도 이후 별다른 고민 없이 수의 개념은 많은 발전을 이루어왔다. 이렇다 할 기반 없이두, 수가 무엇인지 모르더라도 수학은 진보를 거듭한 것이다. 바빌로니아 점토판에도 기록되어 있듯이 고대 바빌로니아 사람들은 $\sqrt{2}$가 무리수인지, 유리수인지에 대한 고민이나 염려 없이 근삿값을 구했다. 수학을 응용하는 입장에서 볼 때, 가령 바빌로니아 점토판의 기록처럼 정사각형의 변과 같은 두 개의 벽을 세운 뒤 그 대각선을 따라 벽을 하나 더 세우고자 했을 때 그 길이를 알고 싶었을 수도 있다. 하지만 그 대각선의 길이를 정확하게 알아야 할 필요는 없었다. 유리수 근삿값만 알면 정밀하지는 않더라도 얼마든지 벽을 세울 수 있었기 때문이다. 그것이 무리수냐 아니냐를 걱정하는 것은 일종의 강박증이라는 관점도 가능하다.

이와 같이 수의 정체성, 대각선의 길이의 정체성에 대해 별로 고민하지 않던 사람들이 피타고라스 이전에는 더더욱 많았고, 이후에도 지속적으로 존재했다. 예를 들어 아르키메데스가 많은 증명이나 논리적 서술을 기하학적으로 표현했다고 했는데, 사실 아르키메데스도 π의 근삿값을 구했다. π의 근삿값이라는 것은 지름이 1인 원과 원주 사이의 비율을 말한다. 아르키메데스는 그 비율의 개념을 가지고 있었고, '71분의 223보다는 크고, 7분의 22보다는 작다($\frac{223}{71} < \pi < \frac{22}{7}$)'는 사실을 증명했다. 이렇듯 아르키메데스처럼 기하학적인 사람도, 수의 정체성을 모르던 사람들도 이러한 식의 대수학을 하고 있었다.

수 체계에 대한 직관의 발전을 잘 나타내주는 사례 중에 고등학교에서 배우는 헤론의 공식Heron's formula이라는

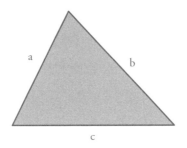

$s = \dfrac{a+b+c}{2}$ 라고 하면,

넓이$= \sqrt{s(s-a)(s-b)(s-c)}$

헤론의 공식

게 있다. 쉽게 말해 삼각형의 세 변의 길이를 알면 그것으로 삼각형의 면적을 표현하는 공식이다. 고대 수학자 헤론 Heron, 10-70의 이름을 따온 것이다. 그림에서처럼 삼각형의 세 변을 긱긱 a, b, c라고 했을 때 헤론의 공식을 이용해 삼각형의 면적을 구할 수 있다.

　헤론의 공식은 여러 가지 관점에서 놀랍다. 특히 헤론의 공식에 's(s-a)(s-b)(s-c)'라는 양을 볼 수 있는데, 당시로서 이렇게 수 네 개의 곱셈을 표현했다는 것은 기하학적 관점에서 매우 파격적이었다. 기하학적으로는 두 개의 수는 두 개의 길이이기 때문에 이를 곱하면 항상 면적이 되어야 하고, 세 개의 수를 곱하면 부피가 되어야 한다고 해석해왔기 때문이다. 이렇게 기하학적 해석이 가능한 상황에서만 길이의 곱셈을 생각하던 시대에 네 개의 수를 곱하는 헤론의 공식은 해석이 불가능한 양이 들어 있는 놀랍도록 추상적인 공식이었다.

헤론의 공식과
알렉산드리아의 부상

헤론이 활동하던 알렉산드리아는 지역적으로 지중해 동쪽, 다시 말해 오늘날 이집트의 수도 카이로에서 멀지 않은 곳에 위치한 해변 도시였다. 바다 북쪽으로는 그리스 섬들과 반도 그리고 오늘의 터키가 자리했고, 동쪽으로는 지금의 중동 국가들이 인접해 있었다.

알렉산드리아는 기원전 331년, 알렉산더 대왕이 아케메네스 제국을 정복하던 당시에 설립된 도시다. 이후 알렉산드리아는 헬레니즘 문명의 중심지로 급부상했고, 641년에 이슬람 문명이 이집트를 정복하기 전까지 프톨레마이

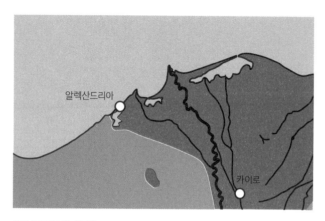

알렉산드리아와 지중해

오스 왕조 시대와 로마 시대에 걸쳐 약 1000년 동안 이집트 문화와 정치의 중심지였다.

헬레니즘 시대에 알렉산드리아에는 학문적으로 매우 유명한 두 개의 기관이 있었다. 하나는 '알렉산드리아 도서관'이고, 또 하나는 '무세이온Mouseion, 'museum'의 어원'이라고 하는 학술원이다. 이 두 기관은 서로 밀접한 관계를 가지고 있었다. 지중해 문명의 유명한 지식인들, 가령 유클리드, 아르키메데스, 아폴로니오스, 디오판토스 등의 과학자뿐만 아니라 시인과 역사학자 등이 이 알렉산드리아 도서관에 모여 함께 토론하고 연구하고 의견을 나누며 학문적 커

고대 알렉산드리아 도서관

뮤니티를 이루었다. 알렉산드리아의 도서관과 무세이온은
헬레니즘 시대 전반에 걸쳐, 그리고 고대 말기까지 지중해
의 지식과 문명의 중심적인 역할을 했다.

이러한 기관이 가지고 있는 상징성은 현대인에게도 당
연히 영감을 준다. 로마 시대에 파괴된 이 알렉산드리아 도서관을 기념하고 계승하기 위해 2002년에 신 알렉산드리아 도서관이 개관되었다. 이 도서관은 유네스코의 전폭적인 후원을 받아 새롭게 건설되었는데, 학문과 예술의 상징이었던 알렉산드리아 도서관을 부활시키자는 취지에서였다. 지어진 위치 또한 고대 알렉산드리아 도서관 근처(라고 추정되는 곳)다. 도서관을 지을 당시 앉아 있는 강아지 그림의 로마풍 모자이크가 부지에서 발견되었는데, 이 모자이크는 이곳이 로마 시대에도 매우 중요한 역할을 했던 도시라는 사실을 상징하는 작은 단서다.

도서관 부지에서 발견된 모자이크

바빌로니아 알고리즘과 $\sqrt{2}$의 발견

2002년 새롭게 개관한 알렉산드리아 도서관

고대의 알렉산드리아 도서관은 오늘날의 유명 대학과 비슷한 역할을 했던 것 같다. 그리고 그곳에서 많은 수학적 발전이 일어났다. 헬레니즘은 기원전 300년경부터 7세기 아랍 정복까지 지중해 지역에서 중요한 역할을 했다. 헬레니즘은 알렉산더 대왕의 원정 이후 그리스 문화, 페르시아 문화, 이집트 문화 등이 융합해 이루어낸 세계적인 성격을 띤 새로운 조류였다. 이로부터 많은 문화적 유산과 과학적 발견이 창출되었고, 그 과정에서 그리스어가 널리 사용되기도 했다. 그래서 당시의 논문들을 보면 그리스어로 쓰인 것이 많다.

그런데 간혹 이러한 문화를 그리스 문명이라고 불러야 하는가에 대해 의문을 갖는 사람들이 있다. 이 점에 대해서는 여전히 연구가 진행 중이므로 분명하게 답하기는 어렵다. 많은 과학자들, 가령 유클리드나 에라토스테네스, 헤론, 디오판토스 등 대다수 저명한 학자들의 출신 민족에 대해서는 짐작만 할 뿐 확인된 바가 없기 때문이다. 유클리드 같은 경우 바빌로니아 사람이었다는 의견도 있고, 이집트나 리비아 사람이었다는 추측도 있다. 지중해 문명이 워낙 다문화적이었기 때문이다.

3강 중세

다양한 역사적 시각에서 헬레니즘의 수학을 더 유심히 들여다볼 필요가 있다. 수 체계의 위기로 인해 수학이 기하학적으로 발전했다는 주장이 한편으로는 맞지만, 그렇다고 해서 헤론이나 디오판토스 같은 학자들이 그리스식의 기하학만 연구한 것은 아니기 때문이다. 또한 헬레니즘 이후로도 인도와 아랍을 비롯한 여러 문명의 발전을 통해 수학은 기하학을 초월한 다양한 방향으로 엄청난 비약을 할 수 있었다. 그렇다면 르네상스 과학의 발전에서 기하학이 독보적으로 중요했던 이유에 대해 다시 물을 수밖에 없다. 이 주제를 다음 강에서 약간만 탐구해보기로 하자.

4강
중세

모양에서
방정식까지,
르네상스를 만든
수학

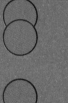

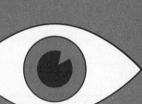

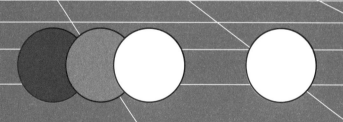

지금 이 순간에도 멈추기를 거부하는

수학자들의 신념 속에서 인류의 삶은 진화한다.

사고는 진화한다,
수학자들의 시간 속에서!

모든 것이 수로부터 왔다고 믿었던 피타고라스학파는 자신들이 생각한 수로 표현되지 않는 아주 간단한 선분의 길이가 있다는 사실에 위기를 맞이했다. 자신들이 믿었던 수체계의 기반이 무너진 것이다. 그로부터 수천 년이 지나 실수의 체계가 정립되었는데, 오늘날 우리가 대학에서 배우는 수준의 실수 체계 이론이 이때 정립되었다고 할 수 있다.

실수의 체계가 정립되기까지 왜 그렇게 오랜 시간이 걸렸을까? 여기에 대해서는 여러 의견이 있는데, 그 필요성이 크지 않았다는 이유가 꽤 유력하다. 그리스 수학의 많

모양에서 방정식까지, 르네상스를 만든 수학

은 영역이 계속해서 기하학적으로 기술되기도 했고, 별 다른 기반이 필요 없는 수의 체계를 사용한 사람들도 많았기 때문이다. 대다수의 사람이 오랜 시간 동안 수가 무엇인지, 실수가 무엇인지, 선분의 길이가 정확히 무엇인지에 대해 큰 고민 없이 근사하고 응용하면서 수를 사용했다.

그러다가 18세기가 되면서 수 체계의 정확한 이론이 필요한 순간에 놓이지 않았을까 생각한다. 18세기 즈음 수학의 함수 개념이 체계적으로 나타났기 때문이다. 함수는 일종의 변하는 수, 다시 말해 어떤 수를 입력하느냐에 따라 출력이 변하는 수를 말하는데, 스위스의 수학자 레온하르트 오일러Leonhard Euler, 1707-1783에 의해 많은 이론이 체계적으로 개발되었다.

함수를 체계적으로 다루다 보니 수가 무엇인지, 특히 연속적으로 변하는 실수 같은 것이 무엇인지를 정확하게 파악할 필요성을 느꼈을 테고, 그러한 요구들이 지속되어 19세기에 접어들면서 비로소 수 체계가 정립되기 시작했으리라는 추측이다.

수 체계의 정확한 이론을 중요시하지 않은 사람들이 중세 대수학의 크나큰 발전을 가져왔다. 예를 들면 오늘날 중

고등학교 수학에서 배우는 이차방정식은 그 역사가 아주 길다. 학자마다 견해 차이가 있기는 하지만 최소 고대 바빌로니아 문명까지 거슬러 올라간다는 해석이 가능하다.

지금 식으로 표기하면 x+y=p, xy=q와 같은 문제를 풀이했다는 기록이 남아 있기 때문이다. 가령 바빌로니아인들은 직사각형의 농토를 만들고 싶어 했는지도 모른다. 이때 그 직사각형 농토의 한쪽 변을 x, 다른 한쪽 변을 y라고 한다면 xy=q는 직사각형의 면적, x+y=p는 직사각형의 전체 둘레의 반이라는 것을 우리는 쉽게 유추할 수 있다. 이렇게 특정한 둘레와 면적을 가진 농토를 만들려고 할 때 각 변의 길이를 어떻게 정해야 하는가라는 질문으로부터 방정식 형태의 문제 풀이가 시작되지 않았을까 추측해볼 수 있다.

이러한 방정식의 x와 y 값을 구하기 위해 먼저 y를 x의 함수로 표현하면 y=p-x가 된다. 따라서 이것을 두 번째 방정식에 대입하면 $x(p-x)=q$, $x^2-px=0$이라는 이차방정식이 만들어진다. x에 대해 풀고 나면 y도 구할 수 있는데, 이것이 이차방정식의 근원이라는 추측이다. 뿐만 아니라 그들은 근삿값을 구하는 방식도 가지고 있었다. 오늘날 우리가 학교에서 배우는 근의 공식의 원시적 표현이라고 할 수 있다. 다만 앞에서도 말했듯이 그 당시에는 방정식으로, 즉 대수적으로 표현하지 않고 근사적으로 해를 표현하는 방법을 가지고 있었다고 이해하는 게 맞을 것이다. 우리가 알고 있는 현대 수학에서 근의 공식이라 할 만한 대수적 표현은 수천 년이 지나서야 나타난다.

이러한 이차방정식의 체계적인 풀이법은 이슬람 문명 최고의 수학자이자 천문학자인 알 콰리즈미Muḥmmad ibn-Mūsa al Khwarizmi, 780-850 추정로부터 나왔다고 전해진다. 그는 813-833년경 발표된 유명한 대수학 저서『완성과 균형에 의한 계산 개론The Compendious Book on Calculation by Completion and Balancing』에서 최초로 일차방정식과 이차방정식의 해법을 포괄적으로 제시했다. 물론 현대 수학에서는 당연하게 사용하는 수, 연산, 방정식 등의 풀이 방법이지만, 알 콰리즈미가 이 책을 발표하기 전까지만 해도 이러한 이론은 전혀 체계화되어 있지 않았다. 때문에 이 책은 뉴턴의『프린키피아』이전에 나온 책들 가운데 가장 중요한 서적 중 한 권으로 꼽힌다.

알 콰리즈미는 최초로 대수학을 독립된 학문으로 여겼

고, '소거reduction'와 '대비balancing' 방법(뺄셈항을 방정식의 반대편으로 옮기는 것)을 도입했다는 점에서 대수학의 아버지로 불린다. 그는 820년경 이슬람 제국 지식의 중심지라 할 수 있는 바그다드 '지혜의 집'의 도서관장을 역임했고, 천문학자로도 활약했다. 또한 지리학에서도 상당한 업적을 남겼으며, 아랍식 기수법을 뜻하는 알고리즘algorism은 그의 이름에서 유래했다. 물론 현대에는 알고리즘이란 말이 컴퓨터 프로그램이 실행할 수 있는 모든 작업을 지칭하는 중요한 개념으로 발전했다.

다양한 인도 숫자를 기술한 알 콰리즈미의 산술 교과서가 12세기에 『인도 숫자에 의한 산법Algorithmi de numero Indorum』이라는 제목의 라틴어 번역본으로 출간되면서 서방 세계에 십진법이 소개되었다. 『완성과 균형에 의한 계산 개론』은 1145년에 체스터의 로버트Robert of Chester에 의해 번역된 이후 16세기까지 유럽 대학에서 주요 수학 교과서로 사용되었다.

이 책에서 알 콰리즈미는 이차방정식을 여섯 가지로 나누었는데, 각각을 풀기 위한 대수적이고 기하학적인 방법을 제시한다.

모양에서 방정식까지, 르네상스를 만든 수학

$ax^2=bx$(제곱은 근과 같다)

$ax^2=c$(제곱은 숫자와 같다)

$bx=c$(근은 숫자와 같다)

$ax^2+bx=c$(제곱과 근의 합은 숫자와 같다)

$ax^2+c=bc$(제곱과 숫자의 합은 근과 같다)

$bx+c=ax^2$(근과 숫자의 합은 제곱과 같다)

현대 수학의 관점으로 보면 이 여섯 가지 방정식은 모두 이차방정식의 특별한 경우다.

가령 세 번째 $ax^2+bx=c$의 경우를 현대 수학에서는 $ax^2+bx-c=0$이라고 표현하는데, 알 콰리즈미는 그 당시 매우 체계적으로 대수를 개발했음에도 이 방정식들을 모두 다른 방법으로 해결했다. 일종의 수수께끼처럼 말이다. 대수학의 아버지로 불리며 많은 업적을 남겼음에도 알 콰리즈미는 여전히 음수와 0의 사용에 대해 거북하게 생각했던 것 같다.

이러한 현상은 곧 수학적인 해법과 새로운 개념들을 효율적으로 사용하기까지는 꽤 많은 시간이 걸린다는 것을 의미한다. 전혀 다르게 보이던 문제들이 과학이 진화할수록 결국 같은 문제라는 것을 파악하게 되는데, 이는 과학의 발전에 있어서 중요한 요소 중 하나다. 지금은 우리가 아주 간단하게 생각하는 이차방정식이지만, 앞의 경우처럼 이렇게 많은 방정식이 결국 하나라는 것을 발견하게 된 것은 당시로서는 엄청난 사고의 통합 과정의 결과였을 것이다.

또 한 가지 중요한 점은 '방정식'이라는 것 자체가 서술적으로 표현되었다는 것이다. 브리태니커 백과사전에 실린 대수학의 역사에 관한 기사를 인용해보면 우리가 알고 있는 추상적 방정식 이론과 표기법이 있기 전에는 방정식을 다음과 같은 방법들로 표현했다고 한다.

문제: 제곱인 수에 그 수의 제곱근에 10을 곱한 수를 더했을 때 39가 되면 그 수는 무엇의 제곱인가?

해답: 제곱근의 계수를 반으로 나누면 5가 나온다. 5를 제곱하면 25가 나온다. 여기에 39를 더하면 합이 64다. 64의 제곱근은 8이다. 근의 절반 값인 5를 빼면 3이 남는다. 이것이 제곱근이다.

현대 수학에 익숙한 우리로서는 너무 복잡해서 얼핏 무슨 말인지 잘 모를 정도다. 먼저 이 문제를 현대 수학으로 표현하면 $x^2+10x=39$이고, 해답은 완전제곱 꼴로 바꿔서 푸는 방법으로 해석할 수 있다. 알 콰리즈미가 처음으로 방정식 이론을 개발할 당시에는 방정식이 이렇게 서술적으로 표현되다가 차츰 우리가 알고 있는 방정식의 형태로 바뀌었다. 인류의 역사에서 수학의 발전이 중요한 이유 중 하나는 이러한 변화가 인간의 사고를 엄청나게 효율적으로 만들어주었기 때문이다. 뿐만 아니라 사소한 개념이나 표기법조차도 심각하게 다루어야 하는 이유가 수학은 지금 이 순간에도 계속해서 이와 비슷한 진화를 거듭하고 있기 때문이다.

사람에 따라서는 말로도 설명이 가능한 해법을 굳이 수학적으로 표현하는 것이 쓸데없이 문제를 복잡하게 만든다고 생각할 수도 있다. 위의 인용문처럼 문제와 답을 구하던 시절에는 새로운 표현 방식의 방정식을 보고 그렇게 생각하는 사람이 많았을 것이다. 말로 설명해도 되는 문제를 굳이 추상적인 숫자들로 표현하는 것에 대한 반박이 없었을 리 없다.

물론 현대 수학에 익숙한 우리에게는 우스운 이야기일 수 있다. 그러한 반박에도 불구하고 변화와 진화를 거듭한 덕에 우리가 좀 더 효율적으로 사고할 수 있게 되었으니 말이다. 변화와 추상을 두려워하지 않는 수학자의 노력이 인류 전체의 사고 체계를 점점 더 효율적으로 만들어주는 셈이다.

시인이 발견한
삼차방정식의 해법

삼차방정식의 해법 또한 이슬람 문명 속에서 그 역사를 찾을 수 있다. 보통 삼차방정식의 체계적인 이론은 11세기에 오마르 하이얌Omar Khayyām, 1048-1131에 의해 이루어졌다고 알려져 있다.

오마르 하이얌은 페르시아의 수학자이자 천문학자이지만 철학자이면서 시인이기도 하다. 그는 이란 동북부의 니샤푸르에서 태어나 삶의 대부분을 1차 십자군 전쟁이 발생한 카라한과 셀주크 통치자들의 왕궁 근처에서 보냈다. 수학자로서 그의 저명한 업적은 삼차방정식의 분류와 해법이다. 그는 원뿔 곡선의 교차점을 이용한 기하하적 해법을 제시했다. 이 또한 재미있는 토픽이지만 이 책에서 구체적으로 다루지는 않겠다.

방정식의 해법을 차수를 늘리면서 계속 탐구해가는 것이 무슨 소용인지 의문을 갖는 사람이 있을 것이다. 사실 방정식의 해는 이차 이상을 넘어가면 수학자의 입장에서도 실용성이 있는 경우가 드물다. 그러나 이상하게도 방정식 이론은 과학의 역사에서 놀랍도록 큰 파급효과를 수반해왔다. 가령 삼차방정식 이론은 오마르 하이얌 이후로도 많은 사람들에 의해 개발되어 결국 지롤라모 카르다노 Gerolamo Cardano, 1501~1576와 라파엘 봄벨리Rafael Bombelli, 1526~1572에 의해 복소수의 발견으로 이어졌다. 복소수가 없었더라면 현대 양자역학이 불가능했을 것이라는 사실을 기억하면 단순한 대수적 문제의 기상천외한 깊이를 조금은 짐작할 수 있을 것이다.

하지만 수학자가 아닌 사람들 사이에서 오마르 하이얌은 시인으로 훨씬 더 유명하다. 시 중에서도 특히 사행시의 대가로 알려져 있으며, 19세기 영국 시인 에드워드 피츠제럴드가 번역한 시 모음집 『루바이야트Rubaiyat of Omar

Khayyam』로 영어권 국가에 널리 알려졌다. 여기서 '루바이'는 사행시를 뜻하며, 이 책은 19세기 말부터 1960년대까지 영시의 전통에서 가장 영향력 있는 시집 중 하나로 꼽힌다.

이 시집에 등장하는 시구들은 수없이 인용되고 회자되었으며, 토마스 하디에서부터 아서 코난 도일, 예이츠, 로버트 프로스트, A. A. 밀른, 유진 오닐, 호르헤 루이스 보르헤스 등 수많은 문학가에게 지대한 영향을 미쳤다. 다음은 이 시집에 담긴 마흔 번째 시다(Juan Cole의 최신 영역).

Don't blame the stars for virtues or for faults,
or for the joy and grief decreed by fate!
For science holds the planets all to be
A thousand times more helpless than are we.

미덕이나 잘못 또는 운명으로 정해진 기쁨과 슬픔을
별의 탓으로 돌리지 마라!
과학은 행성들을 우리보다 천 배나 더
무력하게 만들기 때문이다.

전해지는 여러 시 가운데 특히 이 시를 소개한 이유는 여기에 오마르 하이얌의 철학이 고스란히 담겨 있기 때문이다. 한마디로 이 시는 점성술을 공격하는 내용을 담고 있다. 점성술은 별의 빛이나 위치, 운행 등을 보고 개인이나 국가의 길흉을 점치는 기술이다. 바빌로니아와 고대 중국, 인도 등지에서 발달해 천문학에 지대한 영향을 미쳤고, 서양에서는 중세에서 르네상스까지 크게 성행하기도 했다.

오마르 하이얌은 이 행성들이 인간보다 훨씬 더 자유롭지 못하다고 지적한다. 과학이 행성들을 인간보다 천 배는 더 무력하게 만든다는 것이다. 왜일까? 행성을 과학적으로 관찰하면 그들의 행동을 예측할 수 있기 때문이다. 물론 현대 과학으로는 더더욱 정확한 묘사가 가능하다. 하지만 인간의 행동은 그에 비해 어떤 일이 일어날지 훨씬 더 불분명하다. 그러므로 그러한 인간의 복잡한 운명을 점성술로 파악하려는 것은 어리석은 짓이라는 이야기다.

그런데 17세기 유럽의 과학혁명에 지대한 영향을 미친 과학자들 가운데 뉴턴은 연금술을, 케플러는 점성술을 매우 신봉했다. 이들은 과학자이면서 동시에 미신을 믿는 양

면성을 보였다고 할 수 있다. 그러한 면에서 본다면 놀랍게
도 오마르 하이얌은 그들보다 훨씬 더 수백 년 전의 천문학
자이자 수학자임에도 불구하고 점성술에 대한 믿음이 거
의 없었다는 것을 이 시를 통해 짐작할 수 있다. 그러한 실
용적 세계관이 수 체계와 방정식 이론을 구체적으로 연구
할 수 있게 한 원동력이 되지 않았을까 추측하는 것도 재
미있는 일이다.

아홉 개의 숫자가
만들어낸 예술

이번 강에서 마지막으로 소개할 인물은 중세 시대 가장 재능 있는 서양 수학자로 불린 레오나르도 피보나치Leonardo Fibonacci, 1170-1250다. '피사의 레오나르도'라고도 하고, '레오나르도 비골로 피사노'라고도 알려진 피사 공화국의 이탈리아 수학자다. 그는 아라비아의 산술과 대수학을 유럽에 소개했으며, 우리에게 익숙한 '피보나치수열'에 그의 이름이 남아 있다.

그의 저서 가운데 유명한 『주판서Liber Abaci』에는 사실 제목과 달리 주판 없이도 할 수 있는 계산법이 담겨 있다.

다음은 이 책의 서문 가운데 일부다.

> 아버지께서는 고향에서 멀리 떨어진 베자이아(오늘날의
> 알제리)로 모여들던 피사 상인들을 위해 설립된 베자이
> 아 세관 공무원이셨기에 어릴 적 나를 그곳으로 데려가
> 안락하고 좋은 미래를 찾아주려 하셨다. 그곳에서 아버
> 지는 내가 수학을 공부하고 미래를 위해 교육 받기를 원
> 하셨다. 인도의 9개 숫자의 예술에 대한 훌륭한 가르침을
> 받은 나는 무엇보다 계산술에 대한 지식을 갖게 되어 기
> 뻤다. 나는 인근 이집트와 시리아, 그리스, 시칠리아, 프로
> 방스 등에서 조예가 깊은 이라면 누구든 찾아가 배웠고
> 그들이 갖고 있는 다양한 방법을 습득했다. 훗날 학문을
> 더욱 수양하기 위해 이 지역들을 방문해 집단 논쟁을 통
> 해 배움을 얻기도 했다.

이 글에 언급된 것처럼 피보나치의 아버지는 세관 공무
원이었다. 그는 피보나치에게 미래를 대비한 교육을 시키
기 위해 그를 베자이아로 데려갔다. 피보나치는 그곳에서
인도식 수학을 공부했고 여러 지역을 누비며 학문적 교류

를 이루었다. 그는 곳곳에서 다양한 종류의 수학을 습득했다. 오늘날 우리는 '지중해 문명이 얼마나 통일성을 가지고 있었는가' 하는 사실을 종종 잊곤 한다. 그 당시만 해도 지중해 주변의 유럽과 알제리의 문화에는 별다른 차이가 없었다.

서문에 언급된 "9개 숫자의 예술"은 오늘날의 아라비아 숫자를 의미한다. 그 당시만 해도 유럽에서는 로마숫자를 주로 사용했다. 그런데 로마숫자로는 연산, 특히 곱셈을 하기가 거의 불가능했다. 그러다가 아라비아숫자를 도입하면서 유럽의 수학과 과학이 놀라운 비약을 이루었는데, 그것을 가능하게 해준 것이 바로 피보나치의 책 『주판서』다.

뉴턴은 왜 『프린키피아』를
기하학적으로 썼을까

서양의 역사를 피상적으로 간추리는 사람들은, 그리스 로마 문명이 있었고 이후 중세의 소위 암흑기를 거쳐 르네상스 시대에 문명이 다시 꽃을 피웠다는 식의 이야기를 좋아한다. 하지만 그러한 역사의 흐름 속에서 인도, 이집트, 페르시아 문명 등의 복잡한 상호작용이 유라시아 대륙의 양쪽 끝에 지속적인 영향을 미쳤다. 특히 유럽의 암흑기에 이슬람 문명이 불꽃처럼 피어오르면서 르네상스 문화의 원동력이 되었다는 사실은 잘 알려진 사실임에도 서양 입장에서는 별로 인정하고 싶지 않아 한다.

그런데 이쯤에서 문득 한 가지 궁금증이 생긴다. 왜 뉴턴은 기하학을 동원해『프린키피아』를 집필했을까? 그 당시는 이미 대수학이 꽤 개발되어 있던 때다. 아르키메데스가 활동하던 시기에 수의 위기에 직면해 기하학을 많이 사용하게 된 것은 분명하지만, 매우 복잡한 지중해 문명 속에서는 대수학이 수천 년 동안 대폭 발전하고 있었다. 그런데도 뉴턴은『프린키피아』를 기하학적으로 기술했다. 왜 그랬을까?

여기에 대해서는 여러 가지 추측이 가능하다. 학자에 따라서는 그 이유를 그리스 기하학의 압도적인 우세에서 찾으려고 한다. 특히 고전학자들 사이에서 그리스 기하학이 지금의 수학보다 뛰어나다는 특이한 주장도 종종 나온다. 사실은 아르키메데스나 아폴로니오스 같은 학자들이 수학과 과학을 기하학적으로 기술한 것을 보면 역사적으로는 흥미롭지만 현대의 기준으로는 충분히 원시적이라고 느낄 수 있다. 대수에 자신이 없다 보니 한계가 많았던 것이지, 기하학이 뛰어나서 그랬다고 보기는 어렵다.

『프린키피아』의 논법에 대한 설득력 있는 설명 하나를 유클리드의 영향에서 찾기도 한다. 르네상스 시대에 고대 그리스 기하학에 많은 사람들이 관심을 가졌던 것만은 사실이다. 그리스 기하학에서 가장 영향력 있는 저서는 유클리드의 『기하 원론』이었는데, 뉴턴은 유클리드의 이 책을 모티프로 『프린키피아』를 기술했다. 그런 만큼 유클리드의 영향을 받아 기하학을 사용했다는 주장은 어느 정도 설득력이 있다. 물론 완전한 답이 되지는 않는다.

두 번째 가능성은 17세기 주요 과학 이론 중 다수가 광학과 관련이 있었다는 점이다. 특히 갈릴레오, 페르마, 데카르트는 빛의 성질을 연구했는데, 이들은 모두 물리학자이자 천문학자였으며 『광학의 서』로 유명한 이븐 알하이삼Ibn al Haytham, 965-1040의 이론에 기반을 두고 있다. 광학을 공부하고 연구하는 데에 있어서 기하학이 적합했다는 것이 뉴턴이 기하학을 동원해 『프린키피아』를 집필했을 또 하나의 가능성이다.

이와 관련된 세 번째 가능성은 투사체의 궤도가 포물선이라는 갈릴레오의 발견이 뉴턴에게 영향을 끼친 게 아닐까 하는 추측이다. 또한 케플러의 법칙에서도 타원이 등장한다. 포물선, 타원은 그야말로 그리스 기하학에서 중요하게 다루는 곡선들이고, 행성의 운동에서 중요하다는 잠정적인 원리를 이미 염두에 두고 뉴턴은 연구를 진행했을 것이다. 따라서 지금 식으로 생각하면 대수가 적합할 것 같은 상황에서도 기하적 결론을 염두에 두었기 때문에 기하적 방법론을 선호했을 수 있다는 것이다.

네 번째 가능성은 18세기에 함수의 체계적인 이론이 개발되기 전까지 대수학은 강력한 도구가 아니었다는 것이다. 가령 오일러 같은 사람의 수학 이론에 이르러서야 이슬람 대수학과 유사한 개념과 계산이 충분히 보편적인 체계 속에서 정립되었다고 볼 수 있다. 그렇기 때문에 그전에 활동한 뉴턴이 대수학으로 이론을 기술하기는 아무래도 시기상조였을 것이라는 추측이다.

이처럼 과학적인 근거를 이용한 추측이 가능하지만 역사·문화적인 이유도 생각해볼 수 있다. 르네상스 시기는 유럽의 정체성이 만들어지던 때였다. 중세에 발달했던 이슬람 문명에서 벗어나 그리스도교 공동체로서의 정체성을 찾으려던 시기였다. 그러면서 고대 전통으로의 회귀, 즉 그리스 로마 고전 문화의 부흥을 추구하는 운동이 일어났다. 이러한 현상이 과학 분야에서도 표현되었을 것이라고 추측할 수 있다.

중세에서 르네상스로 넘어가는 과정에서 사회는 몹시 혼란스러웠다. 지중해 주변으로 엄청나게 많은 교류와 상호작용이 일어났고 문명의 충돌이 야기되었다. 대표적으로 십자군 전쟁이라는 역사적 사건들을 떠올릴 수 있는데 가장 유명한 몇 사례 외에도 40번 이상의 다양한 십자군 전쟁이 있었다(심지어 기독교인이 기독교인을 공격한 전쟁도 몇 번 있었다).

1453년에 있었던 '콘스탄티노플 함락'은 우리도 잘 알고 있는 사건이다. 콘스탄티누스 대제에 의해 동로마 제국의 새로운 수도로 만들어졌던 콘스탄티노플은 수차례 큰 공성전을 치렀지만 1204년 4차 십자군에 의해 한 차례 함락되었을 뿐 난공불락의 요새였다. 하지만 오스만 제국을 건설한 투르크인들이 적의 분열로 자신들의 세력이 팽창하자 오랜 숙원이었던 콘스탄티노플 공략 작전을 개시했다. 투르크인들은 콘스탄티노플에서 최초로 대포를 사용해 요새를 파괴하고 도시를 함락해 전쟁사에 하나의 이정표를 세웠다.

콘스탄티노플은 아시아와 유럽을 잇는 중요한 통로이자 두 문명이 공존하는 지역이었다(사실은 지금도 다분히 그러한 성향이 강하다). 이 전쟁은 서양 역사에서 중세가 끝나고 근대가 시작되는 상징적인 사건으로 간주되기도 한다. 중세 이전부터 역사를 이어왔으며, 고전 시대의 제도를 어느 정도 유지하고 있던 국가가 마침내 그 운명을 다했기 때문이다.

또 하나의 중요한 전투는 레판토 해전이다. 1571년에 교황 비오 5세 휘하의 유럽 가톨릭 국가 연합인 신성동맹 함대가 파트라스만에서 오스만 제국을 상대로 큰 승리를 거둔 해전이다. 신성동맹이 레판토 해전에서 승리함으로써 지중해 지역은 사실상 양분되었다. 동쪽은 오스만 제국의 강력한 통치를 받게 되었고, 서쪽은 합스부르크와 이탈리아 동맹국의 통치를 받았다. 레판토 해전이 통일화 되어 진화하던 지중해 문명을 유럽과 아시아로 분명하게 나누는 계기로 작용했다고 할 수 있다.

'르네상스'라는 단어는 프랑스의 역사학자 쥘 미슐레 Jules Michelet가 1855년에 발표한 『프랑스사 Histoire de Franc』에서 처음으로 사용했으니 비교적 현대적인 개념이다. 하지만 르네상스의 실체는 보통 페트라르카 Petrarca, 1304-1374의 글로부터 시작했다고 여기는 전통이 유럽 역사에 남아 있다. 페트라르카의 글 이곳 저곳에서 유럽과 이슬람과의 복잡한 관계에 대한 서술과 그리스도교 입장에서 이슬람 문명을 공격하는 내용들을 찾아볼 수 있다.

이렇게 르네상스의 초기부터 절정기까지 기독교 문명의 정체성과 관련된 이념들이 형성되고 자라나는 단계에서 이슬람과 자신들을 구별하려는 노력이 문화적 진화에 중요한 역할을 했을 테고, 이러한 배경이 그들이 사용하는 수학에도 영향을 미쳤을 것이라는 추측이 가능하다. 즉 이슬람 문명에서 습득한 대수학보다 고대 그리스 문명에서 사용한 기하학을 강조하는 것이 당시 문화의 조류에 잘 부합했을 것이고, 뉴턴이 『프린키피아』를 기하학적으로 기술한 이유를 그러한 조류에서 찾을 수도 있다. 수학이나 과학이 실질적인 필요에 의해 진화하고 발전하기도 하지만 사회 문화적인 요구가 과학의 진화에 강한 영향을 미칠 수도 있다는 것이다.

수학의 역사에 관한
정밀한 질문

어려서부터 우리가 접해온 여러 서양 고전 중에 톨스토이의 소설 『전쟁과 평화』를 빼놓을 수 없다. 대부분 한 번쯤 읽어보았거나 설령 읽지 않았더라도 책의 제목만큼은 알고 있을 것이다. 이 책 11권 1장에는 다음과 같은 내용의 글이 실려 있다.

운동의 절대적 연속성은 인간의 이성으로는 이해할 수 없다. 어떤 종류의 운동 법칙이든 인간이 해당 운동의 요소 중 일부를 자의적으로 선택해 검토할 때만 이해가 가

모양에서 방정식까지, 르네상스를 만든 수학

능하다. 하지만 동시에 인간 오류의 대부분은 연속적인 운동을 임의로 나누는 데에서 발생한다. … 무한소와 관련된 현대 수학 분야의 발달로 인해 과거에는 해결 불가능할 것으로 보였던 보다 복잡한 문제에 대한 해답을 이제는 찾을 수 있게 되었다.

이 소설을 읽었더라도 이 대목을 기억하는 사람은 많지 않을 것이다. 지극히 수학적이고 과학적인 내용이라고 할 수 있는데, 톨스토이는 이어 이렇게 이야기한다.

무한으로 작은 관찰 단위, 즉 무한소(역사의 차이점, 즉 개인의 성향)로부터 시작해 이들의 효과를 더해줄 때(즉 무한소의 합을 찾을 때), 비로소 역사의 법칙에 도달할 수 있다는 희망을 가질 수 있다.

시간을 무한소로 나눈 뒤 거기에 연속적으로 일어나는 역사의 효과를 한꺼번에 더할 수 있다는 말은 무슨 뜻일까? 이 말은 곧 미분과 적분에 대한 이야기다. 톨스토이는 이 책을 통해 역사 연구에 수학적 방법론, 특히 미적분을 적용할 수 있다고 주장했다. 지금도 이러한 종류의 생각을 하는 학자들이 곳곳에서 활동하고 있지만 어느 정도 실용적인 착상인지는 확신할 수 없다.

하지만 나는 조금 더 현실적인 관점에서 수학을 역사에 적용해야 하지 않을까 생각한다. 수학의 역사에 관한 정밀한 질문을 통해 역사 자체를 조명할 수 있으며, 때로는 이것이 매우 본질적인 질문으로 이어진다는 뜻이다. 특히 이 책에서 이야기하는 사례들의 경우에는 더욱 그러한데, 유럽의 정체성을 논하는 데에 있어서 고대 그리스 시대와 로마 시대, 르네상스 시대 모두 매우 중요하고 이 시대들의 문화와 역사와 변화는 여러 수학 개념의 발전과 불가분의 관계에 있었다.

따라서 그 당시 수학이 어떻게 진화했는지, 여러 문명의 수학이 어떻게 상호작용했는지를 정밀하게 들여다봄으로써 역사를 새롭게 조명할 수 있고, 특히 유럽의 정체성에 대한 새로운 발견이 가능하지 않을까 생각한다. 우리의 질문 '왜 『프린키피아』는 기하학적으로 기술되었을까?'를 탐구하다 보면 유럽의 역사에 대한 중요하고 새로운 사실들을 밝혀낼 수 있을 것이라고 상상해본다.

5강
근대
—
과학혁명 시대의
실험과 이론

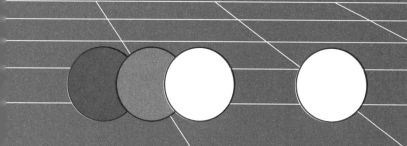

수학 없이 과학을 이해하기란 불가능하다.

과학혁명은 동시에 수학혁명이다.

과학자들이 쏘아올린
혁명의 불꽃

17세기를 이야기할 때 대개의 사람들이 우선 떠올리는 것이 과학혁명일 것이다. 실제로 이 시기 유럽에서는 '혁명'이라는 말이 어울릴 만큼 많은 과학적 사건들이 일어났다. 1600년에 윌리엄 길버트William Gilbert, 1544-1603가 지구 자기장을 발견한 것을 시작으로, 1608년에는 최초로 우주를 관찰할 수 있는 광학 망원경이 발명되었고, 1609년에는 요하네스 케플러Johannes Kepler, 1571-1630가 행성 운동 제1, 제2법칙을 제시했다.

1610년에는 갈릴레오 갈릴레이Galileo Galilei, 1564-1642가 처

음으로 망원경을 이용해 천체를 관측했는데, 달의 분화구와 목성의 위성들도 발견함으로써 역사의 중요하고도 충격적인 사건을 일으켰다. 이러한 과학적 관찰은 행성이나 별들이 신의 완결성을 표현한다고 여기던 기존의 관념을 깨뜨리는 역할을 했다.

1614년에는 영국의 존 네이피어John Napier, 1550-1617가 로그logarithm 함수를 발견해 이를 다양하게 응용하기 시작했다. 1619년에는 케플러가 행성 운동의 제3법칙을 발견했다. 케플러의 제3법칙은 주기의 법칙이라고도 불리는데, 간단히 말해 행성의 공전 주기의 제곱은 궤도의 긴반지름의 세제곱에 비례한다는 것이다. 이러한 발견은 현대 과학의 관점으로도 여전히 놀랍기만 하다. 당시 케플러는 굉장한 빅데이터를 가지고 있었다. 그의 스승 튀코 브라헤Tycho Brahe가 여러 해에 걸쳐 행성 운동에 관한 각종 측정 결과를 수집한 데이터였다. 케플러는 이 빅데이터를 분석해 그 속에 숨어 있는 놀라운 하나의 패턴을 발견해낸 것이다. 이 과정에서 그는 네이피어의 로그를 사용했을 가능성이 높다(긴반지름을 R, 공전 주기를 T라 하면 케플러의 제3법칙은 $R^3=cT^2$ 꼴이다. 로그 함수를 취하면 $3\log R=2\log T+\log c$여서 주요 양들의 로그 사이의 간단한 선형 관계와 동치된다).

1620년에는 유럽에서 최초로 복합 현미경이 등장했고, 1628년에는 우리에게 '스넬의 법칙'으로 익숙한 빌레브로르트 판 로에이언 스넬Willebrord van Roijen Snell, 1580-1626이 굴절 법칙을 발견했다. 방향이 바뀌어도 빛이나 소리가 두 매질을 지나면서 굴절할 때 입사각의 사인sine과 굴절각의 사인의 비는 일정하다는 법칙이다(즉 매질의 성질에만 의존한다는 것이다).

1632년과 1638년에는 갈릴레오가『두 개의 세계 시스템에 관한 대화』와『두 개의 새로운 과학에 관한 수학적 논증과 증명』이라는 두 책을 통해 새로운 우주론과 정확한 발사체 운동 이론을 발표했다. 이 이론에 의하면 발사체는 포물선의 경로를 따라 운동한다는 것이었다. 이는 당시로서는 그야말로 혁신적인 발견이었으며, 일종의 고대 기하학을 재현하는 발견이기도 했다. 앞서 언급했듯이 고대의 기하학자들은 포물선, 타원 등에 관심이 아주 많았기 때문이다.

이후로도 무수한 과학의 발전이 이루어졌다. 1660년대에는 기압계의 발명, 이상기체 법칙, 세포 발견이 이루어졌고, 영국 왕립학회에서 최초로 과학 전문지를 발간하기도 했다. 이어 1668년에는 프란체스코 레디Francesco Redi, 1626-1697가 생물이 무생물로부터 자연적으로 생겨날 수 있다는 자연발생설을 부정했다. 다음 해, 니콜라스 스테노Nicholas Steno, 1638-1686에 의해 화석의 정체가 밝혀지면서 자연발생설의 부정을 뒷받침했다. 스테노는 화석은 퇴적층에 존재하는 유기적 잔존물이라고 주장했으며, 이는 층위학의 근간이 되었다.

1672년에는 뉴턴Isaac Newton, 1642-1727이 백색광을 프리즘으로 통과시켜 각기 다른 색의 빛으로 분해함으로써 백색광이 여러 색의 빛의 혼합물이라는 사실을 발견했다. 1675년에는 뉴턴과 고트프리트 라이프니치Gottfried Wilhelm von Leibniz, 1646-1716가 미적분학을 발견했는데, 이 역시 과학사에 엄청난 사건으로 기록되었다. 미적분학은 극한, 함수, 미분, 적분 그리고 무한급수를 다루는 학문으로써 후대 과학의 모든 분야에 적용되었다.

1676년에는 올라우스 뢰메르Olaus Römer, 1644-1710가 최초로 빛의 속도를 계산해냈고, 1687년에는 뉴턴이 만유인력의 법칙과 물체의 운동을 다루는 세 개의 운동 법칙을 『프린키피아』를 통해 고전 수학적 표현으로 정립했다.

이외에도 1637년에 간행된 데카르트^{René Descartes, 1596-}
¹⁶⁵⁰의 『방법서설』은 과학적 연구 방법론 중 회의주의를 기
반으로 하는 연역법을 소개한다. 철학자 입문 강의에서 항
상 소개되는 이 책의 "나는 생각한다, 고로 존재한다"는 문
장은 역사상 가장 유명한 철학적 발언일 것이다. 즉 자신
의 존재 만을 안다는 출발점에서 연역적으로 알 수 있는
사실들의 탐구를 시작한 것이다. 데카르트 자신은 이 책을
세 개의 부록, 즉 광학과 기상학, 기하학, 이 세 개의 논문
에 대한 일종의 '방법론적인 서론'으로 생각했다. 자신의 사
고 체계의 실용성에 대한 믿음이 강했기 때문이다.

현대 자연과학의 관점에서 볼 때 여기서 가장 중요한 것
은 기하학 논문에 담긴 좌표 이론이다. 평면상의 점을 좌
표 두 개로 기술한다거나 공간상의 점을 좌표 세 개로 기
술하고 있는데 이는 직각 좌표계의 시초로, 앞에서도 언급
했듯이 인간 사고의 영역을 무한히 넓혀주었고 컴퓨터 기
하학도 가능하게 하는 등의 파급효과를 불러왔다.

카테시안 좌표는 피에르 페르마^{Pierre de Fermat, 1601-1665}도
독자적으로 개발했는데, 페르마는 또한 1654년에 파스칼

과 편지를 교환하는 식의 협업을 통해 현대 확률 이론을 창시했다. 이 두 사람 사이에 오간 편지에서 오늘날 우리가 수학 시간에 배우는 경우의 수, 기댓값 등의 개념이 처음으로 등장했다. 이들이 창시한 확률론이 현대 과학에 미친 영향은 말로 다할 수 없을 만큼 지대하다. 페르마는 이어 1662년에는 '최소 작용의 원리'를 발견해 굴절된 빛의 전파를 설명했다. 이 원리는 현대 물리학의 거의 모든 분야에서 사용된다.

17세기에는 이렇게 많은 과학적 사건들이 폭발적으로 생겨났다. 그런 만큼 후대의 사람들은 이 시기를 과학혁명의 시대라고 부르는 데에 주저하지 않는다.

베이컨에게 크나큰
빚을 진 현대사

나는 수학자로서 주로 이론과학의 혁명에 관심을 가져온 것이 사실이다. 뒤의 그림에 나타나듯이 17세기 사람이 보기에도 그 당시 과학의 발전에 있어서 수학의 역할은 핵심적이었다. 그러나 17세기의 지적 소용돌이는 실험과학의 혁명을 수반했다.

영국의 철학자이자 정치가였던 베이컨Francis Bacon, 1561-1626은 너무도 유명해서 굳이 설명이 필요 없는 인물이다. 역사학자 윌리엄 헵워스 딕슨William Hepworth Dixon은 "베이컨이 현대 세계에 미친 영향력은 너무도 커서 기차를 타거나

1656년에 발행된 갈릴레오 전집의 표지. 갈릴레오가 수학, 천문학, 광학의 여신들 앞에 무릎을 꿇고 있다.

5강 근대

전보를 보내고 증기기관을 이용하며 편안한 의자를 사용하고 해협이나 대서양을 건너고 맛있는 저녁을 먹으며 아름다운 정원을 즐기거나 고통 없이 수술을 받는 이라면 그 누구든 베이컨에게 빚을 지고 있는 것이다"라고 장황하게 이야기했다.

특히 1620년에 간행된 베이컨의 책『노붐 오르가눔』(한국어판 제목은『신기관』)은 세기의 역작으로 꼽힌다. 라틴어인 '노붐 오르가눔Novum Organum'은 아리스토텔레스의 논리학서인『오르가눔』을 개정한다는 뜻으로 붙여진 이름이며, '새로운 방법론' 정도로 의역할 수 있다. 17세기의 뜨거운 과학혁명 속에서도 특히 뉴턴의『프린키피아』와 갈릴레이의 발사체 운동을 이론과학의 혁명이라고 한다면, 베이컨의『노붐 오르가눔』은 실험과학의 혁명이라고 말할 수 있다.

『과학혁명의 구조』라는 저서를 통해 과학이 '패러다임'의 교체에 의해 혁명적으로 발전한다는 과학관을 제시한 것으로 유명한 미국의 과학철학자 토머스 쿤Thomas Kuhn, 1922-1996의 1976년 논문「물질과학 발달에서의 수학 전통 vs 실험 전통Mathematical vs. Experimental Traditions in the Development of Physical Science」은 이론과 실험과학 사이의 관계를 역사적인 관점에서 분석한다.

이 논문에서 쿤은 먼저 고전, 즉 그리스나 헬레니즘 시대의 물질과학은 천문학, 광학, 역학, 수학, 화성학을 포함하는 학문으로 이루어져 있었다고 말한다. 물론 오늘날 수학과 화성학은 더 이상 물질과학으로 간주하지 않는다. 화음의 이론을 다루는 화성학의 경우에는 음향학으로 변모해 공학의 범주에 속하며, 수학의 경우에는 과학의 한 분야보다는 훨씬 더 보편적인 학문으로 분류되기 때문이다.

그러나 쿤은 다른 물질과학이 모두 수학의 일종으로 여겨졌다는 점에서 수학의 보편성은 고전 시대에도 존재했다고 주장한다. 어떤 면에서는 지금도 이러한 분류가 합당하기도 하다. 수학 고유의 분야도 존재하지만 여러 다른 분야에서도 이론적인 면은 수학적으로 기술하고 있는 만큼 '수학적 학문'과 '이론적 학문'은 거의 같은 뜻으로 생각할 수 있다.

베이컨의 책 『노붐 오르가눔』의 첫 번째 에디션의 표지에는 두 개의 기둥 사이로 배 한 척이 지나가는 그림이 그려져 있다. 이 기둥은 각각 '이론'과 '실험'의 기둥으로 해석

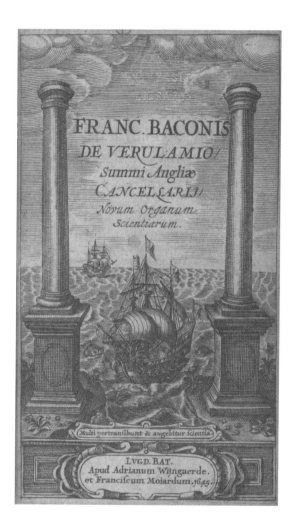

이론과 실험의 균형을 상징한 그림이 담긴 『노붐 오르가눔』의 표지

과학혁명 시대의 실험과 이론

된다. 그리고 배는 그 양쪽의 기둥, 즉 이론과 실험 어느 쪽으로도 치우치지 않고 조화롭게 균형을 이루며 그 사이를 지나간다. 경험과 실험을 정리해줄 이론도 중요하지만 이론을 전개하는 것만으로는 세상을 파악할 수 없으니 이 둘 사이를 적절히 균형을 잡으며 통과해야만 기둥에 부딪치지 않고 전진해 나갈 수 있다는 뜻이다.

17세기 혁명의 한 축인 베이컨은 경험론의 선구자로 스콜라 철학을 비판하고, 관찰과 실험에 기초를 둔 귀납법을 확립했다. 이러한 베이컨주의는 경험주의의 토대가 되었는데, 베이컨주의는 데카르트와 스피노자, 라이프니치의 이성론과 더불어 근대 과학적 방법론의 철학적 근간을 이루었다.

베이컨은 정치가로서 또 과학자이자 철학자로서 파란만장한 인생을 살았다. 베이컨의 죽음에 관해 전해지는 전설 가운데는 낮은 온도로 육류를 보존하는 실험을 진행하다가 폐렴으로 사망했다는 이야기도 있다. 베이컨은 겨울에 닭을 한 마리 잡아 그 닭 속에 눈을 집어넣고 얼마나 오래 보존되는지 실험하다가 감기에 걸렸고 감기가 폐렴으로 발전해 사망에 이르게 되었다는 이야기인데, 마치 과학자의 영웅전 같은 스토리여서 다소 각색된 느낌을 받지 않을 수 없다(장미 가시에 찔려 죽었다는 어느 시인의 죽음에 대한 이야기가 생각난다).

과학혁명 시대의 실험과 이론

베이컨주의,
경험과 실험

다음 그림은 신성로마제국의 자연과학자 오토 폰 게리케 Otto von Guericke, 1602~1686의 '마그데부르크 반구 실험'의 한 장면이다.

독일의 한 도시인 마그데부르크의 시장이기도 했던 게리케는 황제를 비롯해 많은 명사들을 초빙해 대기압에 관한 실험을 선보였다. 이탈리아의 과학자 토리첼리에 의해 진공의 존재가 확인되자 이를 활용한 실험들이 곳곳에서 진행되었는데, 그중 게리케는 진공의 위력을 실험적으로 보여준 인물이다.

'마그데부르크 반구 실험'의 한 장면

　게리케는 구리로 만든 두 개의 반구를 꼭 맞춘 뒤 한쪽
반구에 단 밸브를 통해 펌프로 안의 공기를 모두 빼내 진
공 상태로 만든 다음 그 힘이 얼마나 강한지를 확인했다.
그는 밀착해 있는 반구를 떼어내기 위해 30마리의 말들을

　　　　　　　　　　　　　과학혁명 시대의 실험과 이론

양쪽으로 나누어 이 반구를 잡아 끌도록 했다. 외부의 대기압에 눌려 단단하게 붙어 있던 두 개의 반구는 밸브를 열어 진공을 풀어줄 때까지 저항했다고 한다. 시대적 분위기를 재미있게 표현한 그림이다.

쿤은 고전 과학에서도 경험과 실험이 존재했다고 말한다. 자연에서 기하학을 찾는 이들은 그림자, 거울, 지렛대, 별과 행성의 움직임에 대한 강력한 이론을 정교하게 기술할 수 있는 경험적 근거를 발견하기도 했다. 그렇듯 수학을 포함한 고전 과학에서도 경험주의가 작용했다고 볼 수 있지만 과학 발전에 필요한 자료의 성질이 현대와는 상당히 달랐다는 것이다. 즉 쿤의 주장에 따르면, 쉽게 말해 고전 과학에서는 복잡한 실험이 이루어지지는 않았다고 한다. 그 당시 할 수 있는 실험은 일상적으로 사람들이 관찰을 통해 실험할 만한 것들, 가령 피타고라스 정리 같은 경우다. 직각삼각형을 만들어놓고 그 주위의 정사각형들의 면적이 어떻게 되는지 실험해보는 것처럼 누구든지 해볼 수 있는 수준의 실험이었다.

그러나 17세기에 베이컨의 영향에 의해 나타난 실험들, 즉 빛의 속도를 측정한다거나 진공의 효과를 확인하는 실험은 이에 비해 훨씬 정교하고 특이한 실험이었다. 수학적이며 이론적인 과학이 큰 비약을 이룬 17세기는 실험과학이 대단한 진전을 이룬 시대이기도 했다는 뜻이다.

베이컨은 중용을 강조하면서도 수학의 과학적 역할에 대해서는 다분히 회의적이었다. 그는 천동설과 지동설을 모두 부인했는데, 그렇게 복잡하고 추상적이며 수학적인 체계로는 자연을 이해하는 데에도, 제어하는 데에도 도움이 되지 않는다고 생각했기 때문이다. 그 이유를 적당한 수준으로 분석하는 작업은 나에게는 너무 벅차다. 그러나 『노붐 오르가눔』을 읽다 보면 지적 혁명가의 성향이 수학과 연역에 대한 회의로 나타난다는 인상을 자주 받는다. 당연한 말이지만 자기만의 사상을 개발할 때는 이전 시대의 이론을 반박해야 하는 경우가 석지 않나. 베이컨은 17세기까지도 엄청난 영향력을 발휘하던 중세의 스콜라 철학에 대한 반박을 강하게 표현했고, 그 일환으로 특히 경험과 실험을 강조한 것은 분명하다.

사실 수학에 대해 어느 정도 해박한 지식을 가지고 있지 않고서는 의미 있게 수학을 비판하기 어렵다. 나도 수학에 대한 흥미로운 비판에 대해서는 열린 마음으로 받아들이면서 심각하게 고려해야 한다고 생각한다. 그러나 20세기 이후 과학자들이 간혹 수학이 중요하지 않다고 할 때는 새겨들을 필요가 있다. 대부분의 현대 과학자들은 자신의 연구에 필요한 상당히 높은 수준의 수학 지식을 가지고 있기 때문이다. 그래서 보통 현대 과학자의 수학 비판은 자기가 알고 사용하는 수학 이상은 필요치 않다는 식의 내용을 담고 있다. 대표적으로 20세기 유명한 물리학자 리처드 파인만이 수학을 싫어했다는 말이 종종 인용되는 것을 볼 수 있다. 하지만 파인만의 논문을 한 번이라도 본 사람이라면 그의 논문이 온통 수학으로 가득 차 있다는 것을 잘 알 것이다. 이에 비해 베이컨의 17세기 수학 비판은 어떤 시각에서 나왔는지 조금 깊이 분석해보는 것도 재미있는 연구 토픽일 것 같다.

우주를 기술하는 언어, 수학

사실은 수학에서도 경험주의가 굉장히 중요하다. 이론을 만들고 정리를 증명하고, 그런 뒤 구체적인 사례의 경우에는 실험을 해보는 것이 수학에서도 늘 일어나는 일이다. 뿐만 아니라 시대에 따라 할 수 있는 수학 실험도 변화한다. 그래서 가령 입자 물리 실험처럼 복잡한 현상이 수학적인 이론을 검증해주는 경우도 많고, 요즘에는 컴퓨터 실험도 많이 한다. 이러한 것들이 수학에서의 경험주의의 진화와 발전을 나타내기도 한다.

간혹 "과학혁명은 있는데 수학혁명은 없나요?"라는 질

문을 받는 경우가 있다. 답을 하자면 과학혁명과 수학혁명은 같은 맥락이라고 할 수 있다. 17세기 과학혁명의 가장 중요한 부분 중 하나가 과학을 수학화하는 과정이었기 때문이다. 갈릴레오가 "우주는 수학의 언어로 기술되어 있다"고 주장하기도 했듯이 과학을 수학화하는 과정 자체가 과학혁명의 핵심 구성 요소였다.

그로부터 수십 년 뒤 뉴턴에 이르러서는 훨씬 더 대대적으로 수학을 활용한 과학혁명이 일어났다. 이후, 특히 오늘날에 이르러서는 수학 없이 물리학을 이해하기란 더더욱 불가능하다. 물리학 논문의 경우 수학을 모르면 읽기조차 어려운 부분이 많다. 그러한 의미에서 17세기는 과학혁명과 수학혁명이 동시에 일어난 시기라고 볼 수 있다. 이는 20세기에도 마찬가지다. 과학의 필요에 의해 수학이 개발되기도 하면서 과학혁명이 수학혁명을 불러일으키기도 하고, 수학혁명이 과학혁명에 기여하기도 한다. 이처럼 과거에서부터 현재에 이르기까지 수학과 과학 사이에는 매우 복잡다단한 상호작용이 존재한다.

'과학과 독립적으로 수학의 혁명이 일어날 수 있는가?' 하는 물음에 대해서는 답하기가 쉽지 않다. 꼽아보자면

'수의 발견'이나 '피타고라스 정리' 같은 발견 정도는 분명히 그에 해당하지 않을까 한다. 그에 반해 확률론의 발견, 미적분의 발견은 17세기 과학혁명과 더불어 일어난 수학혁명이라고 볼 수 있다.

그러나 내가 직접 수학적인 활동을 해온 20세기 말과 21세기 초에도 수학혁명이 계속 일어난다는 느낌을 피하기는 힘들다. 또한 이론적인 변화와 경험주의적인 변화가 함께 간다는 인상을 받을 때가 많다. 가령 대수와 기하는 항상 새롭게 개조되고 있다. 특히 '기하란 무엇인가?'의 질문에 대한 답이 점점 추상적이어지고 있는 중이다. 컴퓨터 실험과 관련된 변화도 계속 일어나고 있다. 아주 최근에는 컴퓨터를 이용해 증명을 검증하는 방법론이 개발되는 특이한 연구도 진행되고 있다. 그러니 이중 어떤 깃들이 과학의 전반적인 발전과 별개로 독립적이라고 할 수 있는지, 또 혁명이라고 표현할 만큼 중요한지 지금 판단하기는 선부를 것이다.

6강
근대
—
과학과 문학의 융합, 열망의 17세기

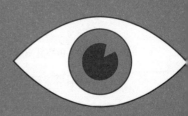

호기심에서 비롯된 탐구 정신, 이론적인 성찰, 모험적인 실험…

소르 후아나의 작품은 17세기의 과학 정신을 철저하게 반영한다.

우주를 책처럼 읽던
천재 시인

17세기는 과학혁명의 시대이기도 하지만 정치적 혼란과 불안이 극심했던 만큼 몇몇 역사학자들은 이때를 위기의 시대로 분류하기도 한다. 유럽의 역사를 들여다보면 평행 우주를 떠올리게 될 때가 많다. 역사극에 등장하는 인물들의 창조적인 에너지가 이룩한 문명의 발전만 보아서는 그 주변에서 펼쳐진 연속적인 정치사회적 혼란을 짐작하기 어렵기 때문이다. 이번 강에서는 17세기에 일어난 과학의 변화가 문학과 문화에 미친 영향을 하나의 에피소드를 통해 들여다보도록 하자.

이번 강에서 다룰 이야기의 주인공은 소르 후아나 이네스 데 라 크루스Sor Juana Inés de la Cruz, 1651-1695라는 영웅적 인물이다. 소르 후아나는 누에바 에스파냐(대략 오늘날 멕시코)의 히에로니무스 수도 사단의 수녀였으며, 식민지 시대 중남미의 대표적인 작가이면서 특히 시인으로 유명하다. 어릴 때부터 신동으로 불리다가 수녀가 되고 나서 시를 쓰고, 여러 철학적 저서도 집필하면서 '열 번째 뮤즈', '멕시코의 불사조'라 불렸다.

선장의 딸이었으나 아버지는 일찍이 부재했고, 어머니의 교육열이 그녀의 성장에 큰 역할을 했으며, 특히 라틴아메리카에서 가장 큰 서재를 가지고 있었다고 전해지는 할아버지의 영향을 많이 받았다는 이야기가 있다. 그녀는 후에 할아버지의 서재를 물려받기도 했다. 멕시코 화가 미구엘 카브레라Miguel Cabrera가 1750년에 그린 소르 후아나의 유명한 초상화가 그 당시 사람들이 생각했던 그녀의 전형적인 이미지를 잘 나타내주는 듯하다.

소르 후아나는 할아버지의 서재에서 독학을 했다고 한다. 당시만 해도 여자 아이들에게는 읽기가 금지된 책이 많았다. 전해지는 이야기로는 세 살 즈음부터 라틴어를 읽었

할아버지에게서 물려받은 서재를 배경으로 한 소르 후아나의 초상화

과학과 문학의 융합, 열망의 17세기

고, 다섯 살이 되면서 집안의 회계를 보았으며, 여덟 살에는 시를 쓰기 시작했고, 청년기가 되면서 아리스토텔레스의 논리학을 통달했다고 한다. 그녀는 남자로 가장해 대학에 갈 수 있게 해달라고 어머니에게 요청했으나 그럴 수 있는 상황이 아니었다. 소르 후아나는 궁정에 들어가 총독 부인의 시녀로 일하게 되었고, 탁월한 지성 덕택에 총애를 받았다. 심지어 수십 명의 신학자, 철학자, 과학자, 법학자 등이 모인 자리에서 준비 없이 공개 토론을 진행함으로써 그녀의 천재성이 과시되기도 했는데 어려운 질문에 대한 거침없는 그녀의 답변에 모두 놀랐다고 한다.

1667년, 그녀는 17세 나이에 수녀가 되었다. 그녀가 수녀가 된 이유에 대해서는 여러 추측이 있는데 결혼을 피하기 위해서였다는 설이 유력하다. 수녀가 된 이후 그녀는 사랑, 페미니즘, 종교 등에 관한 시와 산문을 집필하기 시작했다. 실제로 그녀는 수녀가 된 뒤 총독 부인의 지지 속에서 궁정 사람들과 교류하는 등 오히려 더 자유로운 삶을 살았다. 그녀는 수녀원 일부를 응접실로 바꿔 지역의 지식인들을 초대해 그곳에서 그들과 깊이 있는 토론과 지적 탐구를 펼쳤다.

하지만 소르 후아나는 남성들의 여성 혐오와 위선을 꼬집었다는 이유로 푸에블라 주교로부터 비난을 받기도 했다. 남성들의 강력한 공격이 계속되는 가운데 1694년에는 소장하고 있던 도서를 매각해야 하는 비극에 처했고, 이후로는 가난한 이들을 위한 자선사업에 집중했다. 그러다가 1965년 페스트로 사망하게 된다. 시인이자 평론가로 노벨문학상을 수상한 옥타비오 파스는 소르 후아나를 "에밀리디킨슨과 월트 휘트먼의 등장 전까지 아메리카 대륙에서 가장 위대한 시인"이라고 칭했다.

케임브리지대학교의 제프리 칸타리스Geoffrey Kantaris는 소르 후아나의 시의 구심점을 요약하며 첫째는 "앎에 대한 의지"이고, 둘째는 "앎의 주체가 되고자 하는 열망"이라고 말한다. 실제로 그녀이 작품에는 지식과 앎에 대한 갈망이 열렬하게 드러난다. 뿐만 아니라 구체적인 정치사회적 고찰도 상당 부분 담겨 있는데, 특히 여성의 교육받을 권리를 집중적으로 다루고 있다. 이는 '앎의 주체'로서의 스스로의 정체성과 깊은 관련이 있었을 것이라고 짐작할 수 있다. 하지만 17세기 누에바 에스파냐에서 여성 교육은 사회체계를 뒤흔드는 위험한 것이었으며, 종교적 위계질서에 의해 철저히 통제되었고 종교재판으로 엄격히 관리되기도 했다. 어느 시대나 지식을 누가 어떻게 관리하느냐는 매우 중요한 문제인데, 이는 지식의 관리가 곧 진리의 관리이기 때문이다. 그러한 점에서 소르 후아나의 여러 활동은 위험을 무릅쓴 채 감행되었다고 보아야 한다.

소르 후아나는 철학서를 쓴 작가이기도 하지만 시인으로서 훨씬 더 높이 평가받는다. 수녀의 시라고 하면 많은 사람들이 서정과 종교적 감성으로 가득한 문장들을 기대할 것이다. 가령 그전 세기에 신비주의적 종교시로 알려져 있던 아빌라의 성 테레사1515-1582 같은 경우가 많은 사람들의 선입관과 부합될 것이다.

소르 후아나의 시는 이와는 대조적으로 매우 지적이었다. 물론 신비로운 자연을 묘사하는 이야기가 전혀 없는 것은 아니지만 그녀의 주된 관심사는 세상의 지적인 이해였다. 그녀의 시 가운데 몇 편을 추천하자면 먼저 1000행 정도 되는 시 「첫 번째 꿈」이 가장 대표적일 것이다. 밀도 높은 철학으로 가득한 이 시에서 (가끔씩 일인칭 저자와 일치하는) 잠든 주인공의 영혼은 몸에서 풀려나 우주를 날아다니며 모든 존재를 파악하고자 노력하지만 결국은 실패

하고 날이 밝으면서 신체와 다시 합쳐진다. 실패에도 불구하고 앎을 찾고자 하는 영혼의 노력은 계속된다. 칸타리스 교수는 이 시에 대해 이렇게 이야기한다.

소르 후아나는 자신의 대표작인 「첫 번째 꿈」에서 꿈 자체를 지적인 개념으로 보았다. 비록 우리의 정신은 잠으로 흐릿해져 있지만 그 와중에도 전 우주의 체계를 이해하기 위해 끊임없이 노력하고 있다는 것이다. … 옥타비오 파스가 말했듯 소르 후아나에게 세상은 상형문자와 같았으며, 「첫 번째 꿈」의 주제를 하나만 꼽자면 '우주를 책처럼 읽으려는 시도'라고 말할 수 있을 것이다. 소르 후아나에게 보통 '지성'을 의미했던 '영혼'은 우주를 계산하는 멈출 수 없는 기계였으며, 물질저 신체의 한계와 출생, 성별, 장소의 한계를 뛰어넘는 자유로운 것이었다.

칸타리스는 소르 후아나의 시와 사상에 나타나는 전체적인 감각을 충실하게 묘사하고 있다. 그녀의 시에 대해 "우주를 책처럼 읽으려는 시도"라고 말한 표현은 갈릴레오의 "우주는 수학의 언어로 기술되었다"는 말을 상기시킨다.

갈릴레오는 1623년에 발표한 『분석자The Assayer』에서 다음과 같이 말한다.

> 이 위대한 책에는 철학이, 즉 언제나 우리에게 열려 있는 우주가 들어 있다. 하지만 이 책을 이해하기 위해서는 이 책의 언어와 문자 구성을 이해해야 한다. 이 책은 수학 언어로 쓰여 있으며 삼각형과 원, 기타 기하학적 도형이 문자로 사용된다.

우주를 책처럼 읽으려 했고, 그녀에게 세상은 상형문자로 쓰여 있다는 표현을 갈릴레오의 입장에서는 수학을 뜻하는 것으로 해석할 수 있다. 물론 그녀가 의식적으로 수학에 대해 생각했다는 주장은 아니다. 그러나 갈릴레오와 소르 후아나의 철학적 사유가 17세기의 개념적 진화 속에서 매우 중첩되고 있다는 것을 확인할 수 있다.

소르 후아나의
철학적 배경

소르 후아나의 사상의 배경에는 토미즘Thomism, 토마스 아퀴나스의
신학과 철학과 아리스토텔레스의 인식론이 깔려 있다. 토미즘
은 아리스토텔레스의 영향으로 세상에 대한 기본 데이터
(자료)를 우리가 보고 듣는 것과 같은 자연적 기능의 전달
로 본다. 그러나 그러한 감각적 데이터의 개념적인 추상화
로부터 과학적 지식이 시작된다. 즉 살아 있는 새와 고양이
를 봄으로써 '생명'이라는 추상적인 개념이 나오는 것 같은
과정이 과학적 지식의 핵심이라는 것이다. 그렇게 해서 습
득한 지식의 논리적인 처리 또한 토미즘에서 중요한 자리

를 차지한다. 따라서 토미즘에서는 가장 숭고한 앎을 신의 계시로 간주하는 신학적 체계임에도 추상적 사고와 철저한 논리가 항상 지배적이다. 일차적인 데이터 밑에 깔린 근본적인 진리를 연역적인 방법론으로 추구하는 이와 같은 시스템은 수학자의 관점에서 흥미롭지 않을 수 없고, 이러한 엄밀한 철학이 수녀 시인의 작품의 근간을 이루었다는 사실이 일반 독자에게도 약간 놀라울 것이다.

스페인 문학자 루스 힐Ruth Hill이 2000년에 발표한 책 『스페인 왕권과 과학Sceptres and Sciences in the Spains: Four Humanists and the New Philosophy』에 따르면, 소르 후아나는 데모크리토스와 헤라클레이토스, 그리고 에피쿠로스주의 영향을 많이 받았는데, 특히 프랑스의 신학자이자 천문학자, 그리고 왕립 대학의 수학 교수였던 피에르 가상디Pierre Gassendi, 1592-1655의 영향을 중요시한다. 가상디는 과학 역사에서 그다지 잘 알려진 인물은 아니지만 그 시대 과학의 발전에 이바지한 바는 많다. 원시적인 사진기인 '카메라 옵스쿠라'를 이용해 달의 형상의 지름을 측정했고, 소리의 속도를 비교적 정확하게 측정했으며, 원자론을 변호하기도 했다. 즉 해박한 지성의 소유자였던 가상디는 다양한 과학적 이론과 실험적 탐구를 일생 동안 실행했지만 그의 가장 중요한 업적으로는 에피쿠로스 기독교epicurean christianity의 창건을 꼽는다. 이러한 사상이 바로 시대적 상황을 잘 반영한다고 볼 수 있다. 에피쿠로스 철학과 신학의 융합은 어떤 형태를 취할까? 답을 알려면 당연히 많은 공부가 필요하지만 소르후아나의 시, 특히 그 중에서 「첫 번째 꿈」에서 그러한 융합 사상의 결과를 관찰할 수 있다고 힐은 주장한다.

고대 그리스 철학의 에피쿠로스주의는 크게 인생철학과 과학으로 구분할 수 있다. 철학적인 부분에 있어서는 인간 삶의 목표를 행복이라고 여겼다. 특히 신체적 고통과 정신적 불안으로부터의 탈피가 인간 삶의 목표였다. 그럼으로써 생기는 평온이 우리가 공부를 해서 성취할 수 있는 가장 높은 형태라고 생각했다. 이는 많은 면에서 현대적인 공리주의의 관점과 유사하다고도 할 수 있다.

에피쿠로스주의의 창시자 에피쿠로스Epikouros, 기원전341-270는 당시 학자로서는 유별난 물질주의자였다. 그는 물질을 세상의 근본으로 생각했으며, 특히 원자론의 강력한 변호인이었다. 그는 원자들의 상호작용에 의해 우주와 생물이 형성되고 진화하면서 세계가 만들어진다는 지극히 현대적인 이론을 헬레니즘 초기 무렵부터 가지고 있던 인물이다. 원자론은 에피쿠로스 이전에 데모크리토스 Demokritous, 기원전 460-370 추정가 처음으로 제시했다는 주장이 일반적이다. 그리고 원자론과 에피쿠로스의 철학을 자세하게 기술해 영향력 있는 사상으로 만든 최초의 인물은 기원전 1세기 로마의 철학자이자 시인 루크레티우스Titus Lucretius Carus라고 보아야 할 것이다.

고대 철학의 주류였던 플라톤학파와 스토아학파는 에피쿠로스주의에 강력하게 반대했다. 가령 스토아학파였던 키케로는 원자론과 에피쿠로스주의를 비난했으며, 앞 강에서 소개한 『투스쿨룸 대화』의 여러 부분에도 상당히 자세한 철학적 분석이 맹렬한 비판과 함께 나타난다. 키케로는 자신의 저서인 『신들의 본성에 관하여』의 한 구절에서는 에피쿠로스주의를 두고 "원자의 폭압 및 부도덕함"을 지향하는 철학이라고 표현하기도 했다. 초기 그리스도교 작가들 또한 에피쿠로스주의를 비판했는데, 14세기 무렵 단테는 『신곡』 지옥편에서 에피쿠로스를 이단자들이 벌을 받는 제6지옥으로 보내버렸다. 과학 이론을 두고도 윤리, 정치, 사회적 입장에서 이를 부정하기도 하고 옹호하기도 하는 이러한 현상은 역사적으로 항상 있어왔던 것 같다.

플라톤학파와 스토아학파의 영향은 중세 동안 지속되다가 15세기경 기원전 49년에 루크레티우스가 자살 직전에 집필한 『사물의 본성에 관하여』의 유일한 필사본이 재발견되었다. 이 책의 재발견은 시대의 큰 사건이었다. 에피쿠로스의 『자연에 관하여Peri physeō』를 기반으로 한 이 책은 에피쿠로스주의의 우주론과 물리적이며 윤리적인 교리에 루크레티우스의 자연과 동물에 대한 애정, 사랑의 숭배, 그와 동시에 염세적인 태도, 삶의 끊임없는 소멸감, 선사시대의 자연상, 그리고 법과 문명 발달에 대한 관심 등이 더해져 있다.

이 책은 편집과 인쇄, 현대어로의 번역 과정을 거치면서 17세기 중반에 이르러 사람들에게 널리 읽히게 되었다. 그러면서 사람들의 관념 속에 에피쿠로스주의가 중요하게 자리 잡게 되었는데, 특히 경험주의 철학에 강한 영향을 미치게 되어 베이컨, 보일, 스피노자 등의 저서에는 에피쿠로스주의가 담겨 있는 대목이 꽤 많다. 이러한 분위기 속에서 가상디의 에피쿠로스 그리스도교 같은 사상이 자연히 형성될 수 있었고, 그 영향은 아메리카에서까지 관찰할 수 있었다는 것이 힐 교수의 기본 주장이다. 물질론적인 에피쿠로스주의를 그리스도교와 융합하는 것이 어려운 작업이었으리라는 것은 깊은 이해 없이도 짐작할 수 있다. 영적인 세계와 물질적인 세계의 관계는 과학적인 시각이 팽배한 현대 문명의 관점에서조차 해결되지 않았다는 사실로도 어려움을 짐작할 수 있다.

세상의 구성에 대한 이견 외에 또 하나의 쟁점은 배움의 목적에 있다. 위에서 지적했듯이 에피쿠로스는 학업의 궁극적인 목표를 행복 혹은 마음의 평정으로 정했다. 그러나 이러한 지적인 평화와 종교에서 추구하는 신과의 교섭을 통한 영적인 평화 사이를 조화롭게 항해하는 작업 역시 복잡한 사상의 구축을 필요로 했을 것이고, 이러한 시스템을 향한 노력은 가상디의 철학에서처럼 소르 후아나의 시에서도 찾을 수 있다는 것이 힐의 이야기다. 솔직히 이러한 이론을 내가 제대로 이해했다고 자신할 수는 없다. 그러나 원자론의 역사와 문명의 발전이 중요한 관심사인 이 책의 관점에서 가상디와 17세기 과학, 그리고 소르 후아나 사이의 미묘한 관계가 흥미롭지 않을 수 없다.

팽이에 관한 탐구와
수학적 이론

때로는 상호 보완적으로, 때로는 충돌하며 세상을 기술해 가는 다양한 이론들, 토미즘, 에피쿠로스주의, 경험주의, 이론과학등이 어떤 식으로 소르 후아나의 글에 표현 되는지 살펴보자.

소르 후아나의 인생관이 직설적으로 나타나는 작품은 「소르 필로테아 데 라 크루스에게 보내는 답변」이다. 이 글은 위에서도 잠시 언급했던 푸에블라 주교의 비난에 반박하는 내용을 담은 편지 형식의 산문이다(푸에블라 주교는 '소르 필로테아'라는 가명을 사용하며 소르 후아나를 비난하는 글을 공개했다). 소르 후아나는 이 글에서 여성도 교육을 받을 권리가 있다고 강하게 주장했다. 여성의 권리를 증진하기 위한 꽤 구체적인 이론을 기술하면서, 가령 여성이 다른 여성을 교육할 수 있어야 남자 교사와 어린 여학생의 접촉을 막아 위험한 상황을 피할 수 있다는 종류의 실용적인 주장도 함께 제시했다.

소르후아나 자신의 지적 성향을 직접 설명하는 문구를 하나 살펴보자.

그들은 어느 날 〔세속적인〕 배움은 종교 재판감이라는 주장 하에 매우 성스럽고 한편으로는 순진한 수녀 원장님을 설득해 나에게 책 읽기를 그만두라고 명령하도록 했다. 그래서 3개월간 나는 단 한 권의 책도 들어 올리지 않았지만 배움을 중단하지는 못했다. 배우지 않는다는 것은 내 의지로 되는 일이 아니었다. 그래서 책 없이도 하나님의 모든 창조물을 나의 문자로 삼고 위대한 전 우주를 책으로 보며 탐구했다.

여기서 '그들은' 그녀 자신을 비판하는 푸에블라 주교

같은 사람들을 이야기한다. 그녀는 배움을 중단하는 일이 자기의 의지로 되는 일이 아니었다고 고백한다. 즉 배움은 천성이라는 주장이다. 그러면서 그녀는 우주를 책과 문자로 생각하고 탐구했다고 말한다(칸타리스의 해서이 생각날 것이다).

모양 하나를 볼 때마다 그 모양의 각종 변형을 떠올리기 위해 머릿속으로 각 면의 비율을 합하고 길이를 재어보곤 한다. 나는 기숙사를 걸어가며 여러 번 관찰을 하다가 실제로는 양 벽이 평행하고 천장이 평평하지만 멀리 갈수록 벽이 서로 가까워지는 듯하며 먼 천장이 가까운 천장보다 더 낮게 보인다는 사실을 알게 되었다. 이 사실을 바탕으로 시선은 직선이지만 서로 평행하지 않고, 오히려 피라미드 모양을 형성한다고 추론하게 되었다. 그러고는 이내 이러한 이유에서 고대인들이 지구가 둥글다는 것을 의심한 것은 아닐까 하는 생각에 이르렀다. 왜냐하면 둥글게 보인다 할지라도 이는 시각적인 착각에 불과하고 존재하지 않는 곡선이 존재하는 것처럼 보일 수 있기 때문이다.

앞의 글에서 소르 후아나는 원근법에 대한 관찰을 기술하고 있다. 이는 르네상스 문화, 특히 광학과 미술에서 많이 거론된 이론이다. 이 글에는 기하적 사고에 기반을 둔 그녀의 과학적 명상이 들어 있다. 이 글에서 그녀가 생각하는 우주의 언어가 진정 갈리레오의 언어와 가깝다는 것을 관찰 할 수 있다.

소르 후아나의 놀라운 과학관이 가장 잘 드러난 대목은 다음이다.

어느 날 나는 어린 두 소녀가 팽이를 가지고 노는 모습을 보았다. 팽이의 동작과 바닥에 그려지는 모양을 보자마자 나는 나만의 이상한 관점으로 둥그런 모양이 수월하게 운동하는 방식과, 힘을 줘서 팽이를 돌리는 아이의 손을 떠난 후 최초의 속도가 유지되는 관성을 공부하기 시작했다. 동작을 일으킨 아이의 손을 떠나서도 팽이가 계속해서 화전하는 것이 눈에 띄었다. 이 정도의 관찰에 만족할 수 없어서 나는 밀가루를 가져다 달라고 한 후 땅에 뿌리고 그 위에서 팽이를 돌려 그 흔적이 완벽한 원이 되는지의 여부를 알아보고자 했다. 그 결과 팽이가 힘을 잃어감에 따라 원형이 사라지고 나선형을 그리며 돈다는 사실을 발견했다.

소르 후아나가 이야기하는 팽이의 현상은 수학적으로 매우 흥미로운 이론이다. 하지만 결코 쉬운 이론은 아니다. 팽이의 수학적 이론을 기술할 수 있는 언어와 수학적 도구는 18세기에 이르러서야 생겨나기 시작했다.

팽이 이론을 처음으로 제대로 기술한 사람은 18세기 수학자이자 천문학자 조제프 라그랑주Joseph Louis Lagrange, 1736-1813다. 그리고 19세기 프랑스의 수학자이자 물리학자 피에르 드니 푸아송Siméon Denis Poisson, 1781-1840은 이 이론을 한층 더 발전시켰다.

팽이 이론의 기본적인 아이디어는 뒤의 그림에서처럼 3차원 공간을 묘사하는 좌표계 두 개 사이의 관계를 생각하는 것이다. 한 좌표계는 땅에 가만히 서 있고, 또 하나는 좌표축 하나가 팽이의 축을 따라가면서 팽이와 함께 도는 좌표계다.

이 아이디어의 요점을 다시 정리해보면 움직이는 좌표계의 입장에서는 팽이의 운동이 간단하게 묘사되기 때문

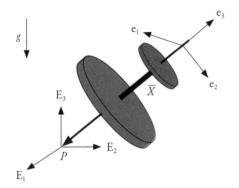

에 좌표 사이의 관계를 수학적으로 어떻게 기술하는가에 집중하면 문제가 해결된다는 것이다. 이러한 사고는 궁극적으로 좌표 변환 이론이라는 혁신적인 아이디어로 이어지는데, 지금의 관점에서 보면 이 이론의 첫 번째 적용이 라그랑주의 팽이 이론이다.

　　푸아송은 좀 더 복잡한 이론을 전개했다. 라그랑주가 한 지점에 서서 도는 팽이의 운동을 기술했다면, 푸아송은 팽이가 땅위를 움직이는 이론을 기술했다. 푸아송의 이 이론은 앞의 인용문에도 언급되어 있듯이 소르 후아나가 탐구했던 바로 그 운동에 대한 것이다. 팽이를 돌려본 분들이라면 아마 잘 알 텐데, 팽이 끝이 처음에는 원형으로 도는 것 같다가 점차 힘을 잃어가면서 나선형을 그리며 돌아가는 것처럼 보인다.

역사적으로 보면 팽이의 수학적 이론이 제대로 기술된 것은 소르 후아나의 탐구로부터 200년이 지나서이고, 그 이론에 이용되는 개념들은 과학의 역사에서 가히 혁명적이었다고 말할 만하다. 소르 후아나의 글에는 일찍이 그러한 체재를 내다보는 이론과 실험의 병합적 관점이 나타나 있다는 사실이 놀랍기만 하다.

앞에서 「소르 필로테아 데 라 크루스에게 보내는 답변」에서 인용했던 소르 후아나의 글들은 17세기 사상을 일목요연하게 표현한다. 즉 소르 후아나의 글은 시적으로도 아름답고 훌륭하지만 많은 영역에서 전형적인 과학혁명 시대의 사상을 표현하는 글이기도 하다.

그녀의 과학적 사유에는 세상을 경험적으로 관찰해야 한다는 철학과 함께 구체적인 실험을 통해 이론을 형성해야 한다는 탐구 정신이 담겨 있다. 그런 만큼 소르 후아나의 글은 17세기 과학사에 등장하는 모든 중요한 사상을 시의 구절구절에 녹여낸 문학·철학·과학의 훌륭한 융합 작품이라고 할 수 있다.

　다시 요약하자면 소르 후아나의 두 작품 「첫 번째 꿈」과 「소르 필로테아 데 라 크루스에게 보내는 답변」에는 세계를 이해하고 싶은 사고와 열망, 자연스러운 호기심에서 비롯된 탐구 정신, 이론적인 성찰, 모험적인 실험 등이 조화를 이루고 있으며, 소르 후아나 작품의 이러한 특징들은 17세기의 과학 정신을 철저하게 반영한다.

　그녀의 사고는 실험과 이론의 두 기둥 사이를 순탄하게 항해하는 배처럼 적절한 균형을 중요하게 여긴 베이컨의 중용 철학과 맞닿아 있다. 그녀의 이러한 면면들에는 17세기의 정신뿐만 아니라 18세기의 과학을 내다보는 선견지명도 담겨 있다. 특히 그녀가 탐구한 팽이 현상은 운동량 보존 법칙을 반영하고 있는데, 이 법칙은 18세기에 이르러서야 정립된 이론이기 때문이다.

　어떻게 멕시코의 한 수녀 시인이 시대의 학문적 사고를 이토록 창조적으로 활용할 수 있었을까? 이 질문의 포괄적인 탐구는 우리의 사고를 더욱 깊고 넓게 확장시킬 수 있는 좋은 기회일 것이다. 그러다 보면 그 시대의 과학은 물론이고 문학, 역사, 사회상, 유럽과 신세계와의 관계가 무엇인지에 대해서도 알아볼 수 있는 계기가 될 것이다. 소르 후아나의 「첫 번째 꿈」과 「소르 필로테아 데 라 크루스에게 보내는 답변」은 과학과 문화의 다중적인 시각에서 꼭 읽어보기를 권한다.

7강
현대
——

루크레티우스의
원자론으로부터

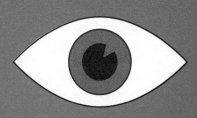
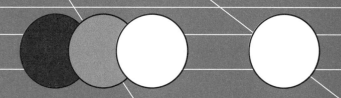

만물이 정말로 원자로 이루어져 있다면,

우리 인간처럼 큰 물체는 어떻게 만들어졌을까?

이에 대한 답은 지금도 쉽지 않다.

나와 세상은 무엇으로
이루어져 있는가

현대인들은 대부분 세상 만물이 원자로 이루어져 있다는 주장을 믿는다. 정량적으로 이해하기는 여전히 어렵지만 상식으로 받아들이고 있는 것만은 사실이다. 이러한 주장이 상식이 되기까지는 상당히 오랜 시간이 걸렸다.

고전을 연구하는 학자들은 기원전 5세기 고대 그리스의 철학자 레우키포스를 원자 개념의 창시자로 꼽는다. 하지만 디오게네스 라에르티오스Diogenes Laertios의 『그리스 철학자 열전』에는 레우키포스라는 인물은 존재하지 않는다고 기록되어 있다. 그런 만큼 레우키포스에 대해 알려진

루크레티우스의 원자론으로부터

바는 별로 없다.

레우키포스의 스승이 제논이라는 이야기도 있는데, 비교적 분명한 것은 그의 제자로 불리는 데모크리토스의 존재다. 데모크리토스는 80개 이상의 저서를 집필했다고 알려져 있으나 그중 남아 있는 것은 하나도 없고, 다른 사람들의 인용구를 통해 그의 사상을 짐작할 수밖에 없다. 따라서 현대 철학서에 나오는 데모크리토스의 철학은 모두 짤막한 문장들의 결합에서 유추한 것이다.

버트런드 러셀은 『서양 철학사』에서 "데모크리토스는 만물이 물리적으로 더 이상 쪼갤 수 없는 '원자'로 이루어져 있으며, 원자 사이에는 빈 공간이 존재한다고 주장했다"고 기술했다.

원자는 파괴할 수 없으며 항상 계속해서 움직이고, 원자와 원자의 종류 또한 무한하며 크기와 모양도 각기 다르다고 말하는 것이다. "물리적으로 쪼갤 수 없다"는 표현을 쓴 이유는 그것이 기하학적으로 점은 아니라는 뜻에서다. 현대 과학에서는 양자역학적인 차원에서 원자를 점이나 파동으로 생각하는 면이 있지만 그 당시에는 원자 자체도 각종 기하를 가지고 있다고 생각했던 모양이다. 더 이상 쪼

개지지는 않지만 그 자체도 딱딱한 부피를 가지고 있다고 생각한 것이다.

앞의 강에서 소개한 에피쿠로스 역시 원자론을 체계적으로 기술한 인물이다. 그는 데모크리토스와 마찬가지로 우주는 무한하고 영원하며 만물은 원자라는 매우 작고 보이지 않는 입자로 구성되어 있다고 주장했다. 모든 자연 현상은 결국 빈 공간 속에서의 원자들의 움직임과 교류의 결과다. 그는 데모크리토스와 달리 원자는 예상 경로를 벗어나 방향을 바꿀 수 있으며, 따라서 우주의 모든 것은 이미 결정된 것이 아니라 인간이 자유 의지를 행사할 수 있다고 주장했다. 이러한 이론은 에피쿠로스에게 원자론이 윤리 철학과 깊은 관계가 있었음을 시사한다. 에피쿠로스주의라는 포괄적인 철학 체제의 일부였다는 사실이 에피쿠로스의 원자론을 더 풍성하고 영향력 있게 만들어주었다고 볼 수도 있다.

에피쿠로스의 사상에 따라 원자론을 체계적으로 기술한 사람은 기원전 1세기 로마의 철학자이자 시인 루크레티우스다. 시기적으로 카이사르와 같은 시대를 살았던 인물이다. 그는 자신의 서사 교훈시 『사물의 본성에 관하여』에서 원자론과 우주론을 포함한 에피쿠로스주의 사상을 설파했다. 7400개의 6보격dactylic hexameter으로 쓰인 『사물의 본성에 관하여』는 총 여섯 권으로 구성되어 있으며, 매우 시적인 언어와 은유로 에피쿠로스주의를 논한다.

루크레티우스는 이 책에서 원자론의 원리와 영혼의 성질, 감정, 만물의 발생, 그리고 천체와 지상의 현상 등을 설명한다. 신들의 개입이나 종교적 설명에서 탈피해 세상을 포르투나fortuna, 즉 우연과 물리적 법칙에 따라 움직이는 것이라고 규정하며, 거시적 물체는 빠르게 움직이면서 서로 부딪쳐 튕겨 나오는 작은 원자로 구성되어 있다고 주장했다.

하지만 루크레티우스는 오랫동안 사람들의 기억에서 사라져 있었다. 알다시피 중세를 거치면서 유럽에서는 아주 많은 문헌이 소실되었다. 루크레티우스의 저작물들 역시 온전하지 못했다. 그러다가 15세기에 재발견되면서 그의 이러한 주장들은 초기 현대 과학에 큰 영향을 미치게 되는데 앞서 거론한 17세기 사상을 거쳐 18세기에도 이 영향은 이어졌다.

현대적인 의미의 원자론은 스위스의 과학자 다니엘

베르누이Daniel Bernoulli, 1700-1782의 기체론에서 시작한다고 볼 수 있다. 그는 1738년, 자신의 저서인 『유체역학 Hydrodynamica』에서 처음으로 유체역학과 기체 분자 운동론을 제시했다. 유체역학은 물리학의 한 분야로 기체나 액체 등의 유체 운동을 연구하는 학문이다.

그의 이론에 따르면 기체는 모든 방향으로 움직이는 수많은 분자로 이루어져 있다. 그는 이러한 분자가 표면에 미치는 영향으로 인해 우리가 느끼는 기압이 형성되며, 우리가 느끼는 열은 분자의 움직임에서 발생한 운동 에너지라고 주장했다. 베르누이는 만물이 원자로 이루어져 있다는 막연한 주장에 비해 훨씬 더 구체적인 이론을 제시한 것이다. 그리고 이러한 구체성의 배경에는 물론 수학적 개념들의 발전이 필요했디.

19세기에는 독일의 이론 물리학자 루돌프 클라우지우스Rudolf Julius Emanuel Clausius, 1822-1888가 원자론의 발전에 박차를 가했다. 열역학을 공부할 때 많이 들어본 이름일 것이다. 요즘 많이 이야기되고 있는 '엔트로피' 개념을 1865년에 처음 소개한 인물이기도 하다. 클라우지우스는 1858년, 기체 분자의 '평균 자유 행로' 개념을 소개했다. 기체 분자는 (실온에서) 초속 수백 미터 속도로 움직이지만 다른 기체 분자와 충돌하면 아주 짧은 시간 동안 이동한 뒤에 방향을 바꾼다. 그는 이러한 운동의 정량적 해석을 처음으로 제시한 것이다. 클라우지우스를 거치면서 원자론은 점점 더 구체화되었다.

맥스웰과 볼츠만,
통계물리를 세우다

현대 과학에서의 원자론이 본격적으로, 그리고 수학적으로 체계화된 것은 19세기 이후 세 인물의 노력을 통해서다. 그들은 바로 제임스 클라크 맥스웰, 루트비히 볼츠만, 조사이아 윌러드 기브스다.

먼저 영국의 수리물리학자 맥스웰James Clerk Maxwell, 1831-1879은 19세기의 가장 중요한 과학자라고 할 수 있다. 그는 전자기론을 정립했고, 기체 분자의 속도에 관한 '맥스웰 분포'를 제시했다. 맥스웰 분포는 고전 역학에 따른 기체 분자의 열평형 상태에서 분자의 각 상태의 속도 확률 분포를 말한다.

오스트리아의 이론물리학자 볼츠만Ludwig Eduard Boltzmann, 1844-1906은 맥스웰의 이론을 일반화했고, 앙상블 이론을 발전시켰다. 그에 따르면 다체론이란 미시적 상태의 확률 분포를 상정하고 이를 이용해 거시적 양을 기댓값으로 추론할 수 있어야 한다.

미국의 수리물리학자 기브스Josiah Willard Gibbs, 1839~1903는 『통계 역학의 기본 원리: 열역학의 합리적 기초를 기반으로Elementary Principles in Statistical Mechanics, developed with especial reference to the rational foundation of thermodynamics』에서 통계역학의 체계적이고 철저한 근간을 마련했다. 그중 표준 앙상블 모델은 오늘날까지 평형 상태에서의 물리계의 설명에 사용되고 있다.

원자 개념이 처음 제시되었을 당시 사람들은 당연히 이 주장을 믿지 않았다. 만물이 정말로 원자로 이루어져 있다면, 가령 인간처럼 큰 물체를 어떻게 만들었는가 하는 물음에 대한 설명이 뒤따르지 못했기 때문이다. 이에 대한 답은 지금도 쉽지 않다. 하물며 그 당시로서는 그러한 원자가 있다는 것 자체에 의심을 갖는 게 당연했다.

그러다가 여러 개의 원자로부터 큰 물체가 형성되어 우리가 인지할 만한 성질들이 나타나는 과정을 제대로 설명하기 시작한 것이 바로 맥스웰, 볼츠만, 기브스의 이론이라고 할 수 있다.

이들의 이론을 이해하기 위해 우선 물리학적 이론의 기본 언어를 약간만 복습하자.

우리가 관심을 갖는 어떤 임의의 물체들을 시스템이라고 한다. 이때 시스템은 하나의 원자일 수도 있고, 한 사람의 인간일 수도 있고, 우주 전체일 수도 있다. 과학에서 이것들을 완벽하게 묘사한다는 의미는 시스템의 '상태'와 '변화'를 파악한다는 뜻이다. 상태 이론은 묘사하고자 하는 시스템이 가질 수 있는 모든 상태가 어떠한지를 완벽하게 기술하는 것이다. 그리고 변화 이론은 한순간의 상태를 알고 있을 때 그것이 어떻게 변화하는지를 기술하는 것이다. 관심을 가진 시스템의 상태와 변화 이론의 구축은 과학의 가장 기본적인 목표라고 할 수 있다.

가령 다음의 그림처럼 산과 골짜기로 이루어진 지형이 있다고 해보자. 그 산에 공 하나가 있다. 이 공의 운동을 기술하고자 한다면 가능한 모든 상태를 알아야 한다. 먼저

　　　　　　　　　루크레티우스의 원자론으로부터

위치는 이 산의 곡선을 따라 그 어딘가가 될 것이다. 하지만 그렇다고 해서 속도가 결정되는 것은 아니다. 똑같은 위치라고 해도 어느 한쪽으로 빨리 움직일 수도 있고, 천천히 움직일 수도 있고, 가만히 있을 수도 있다. 그러나 위치와 속도를 둘 다 알고 있으면 운동을 완전하게 기술할 수 있다는 것이 뉴턴 역학의 핵심이다(물론 역학을 적용하기 위해서는 공에 작용하는 힘, 즉 중력과 마찰력을 알아야 한다). 그러니까 보통 이렇게 공의 운동에 대해 생각할 때의 수학적 모델은 가능한 위치와 속도를 기술함으로써 모든 상태가 결정된다는 것이다.

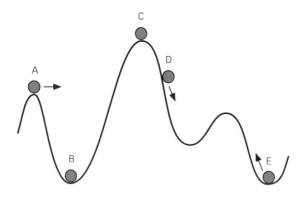

7강 현대

다시 요약하자면 모든 상태라는 것은 곡선상의 위치와 그리고 각 위치마다 가능한 여러 가지의 속도다. 이것이 가능한 모든 상태의 묘사이고, 상태의 변화 이론은 뉴턴 역학이 제공한다.

상태와 변화에 대한 이론 가운데 상당히 중요한 것이 평형 이론이다. 평형 이론은 그리 복잡한 개념이 아니다. 가능한 모든 상태 가운데 평형 상태, 즉 변화가 일어나지 않는 상태가 어떤 것인지를 기술하는 이론이다. 변화 이론의 특별한 경우라고 생각할 수 있다.

예를 들어 공을 움푹 파인 골짜기에 가만히 놓아두었다고 해보자. 이때 공은 움직이지 않을 것이다. 이 상태가 평형 상태 중 하나다. 그러나 같은 위치에서도 속도가 있다면 평형 상태가 아니다. 그림에서 B, C는 평형 상태이고 A, D, E는 평형 상태가 아니다. 그러니까 시스템을 공부할 때 모든 가능한 상태를 기술하고 주어진 상태에서 어떻게 변화하는지를 기술해야 하는데, 모든 변화를 구체적으로 기술하는 것은 현실적으로 복잡한 문제일 때가 많다. 그러나 많은 경우에 '변화를 기술하는 문제'의 다양하고 특별한 경우인 평형 상태를 파악하는 문제는 더 수월하다.

루크레티우스의 원자론으로부터

보통 물체들은 당연히 엄청나게 많은 원자들로 이루어져 있다. 수소 1g만 해도 6.02×10^{23}개라는 엄청난 수의 원자들로 이루어져 있다. 그래서 가령 물 한 컵의 상태를 묘사하려면 원칙적으로는 이것을 이루고 있는 모든 원자들의 상태를 알아야 한다. 하지만 우리는 그것이 불가능하다는 것을 알기 때문에 이러한 경우, 즉 엄청나게 많은 원자로 이루어진 시스템의 상태를 기술할 때는 모든 원자 각각에 대한 추적을 포기한다. 그 대신 상태의 분포만 기술하기로 관점을 바꾸는 것이다. 이 관점의 변화를 통계물리라고 하는데 이와 같은 이론을 통해 물질의 원자론이 비로소 현실에 가까워질 수 있다.

이때부터 가령 물 한 컵이나 덩치가 큰 물체의 상태에 대해 이야기할 때 원자들의 상태 분포 자체를 시스템의 상태라고 말한다. 또 이러한 분포가 어떻게 바뀌는지가 변화 이론이고, 평형을 이야기할 때 시스템이 평형 상태라는 것은 각 원자의 상태가 변하더라도 분포가 변하지 않는 다는 것을 이야기한다. 중요한 부분이니 다시 한번 정리해보자.

통계물리에서는 첫째, 시스템의 구성 입자들의 상태가 어떤 분포를 이룰 수 있는지 묘사하는 것이 상태 이론이

7강 현대

다. 이러한 분포를 전문적인 용어로 앙상블ensemble이라고 부른다. 둘째, 분포가 하나 주어졌을 때 그것이 어떻게 바뀌는지 묘사하는 것이 변화 이론이다. 그리고 셋째, 어떤 분포가 바뀌지 않는 평형 분포인지를 묘사하는 것이 평형 이론이다.

이러한 의미의 통계물리 기반이 맥스웰과 볼츠만 그리고 기브스의 노력을 통해 이루어졌다. 큰 물체들의 성질이 어떻게 표현되는지를 자신 있게 기술할 수 있는 배경이 비로소 갖춰진 셈이다.

물리적 직관에서 유도된
이상기체 분포

통계적인 상태와 분포가 무엇을 의미하는지 약간만 수학적으로 알아보자. 맥스웰과 볼츠만이 제시한 이상기체 분자의 속력의 분포 법칙을 공식화하면 다음과 같다(여기서 이상기체란 기체를 이루는 분자들 사이에 상호 작용이 전혀 일어나지 않는 기체를 뜻한다. 사실은 밀도가 낮은 보통 온도와 대기압의 공기가 같아도 이상기체에 가깝다).

$$\frac{\sqrt{2}}{\sqrt{\pi}}\left(\frac{m}{2kT}\right)^{\frac{3}{2}} v^2 e^{-mv^2/2kT}$$

공식이 복잡해서 정신이 혼미해질 수도 있는데, 공식의 전체 내용을 다 알아야 하는 것은 아니니 미리 겁먹을 필요는 없다. 이 공식은 기체의 상태를 이야기하는 것으로, 기체들이 모여 있을 때 각 원자가 어떻게 되어 있는지에 대한 추적을 포기하고 기체 분자 속도의 분포가 어떠한지만 기술한다. 이것이 이상기체의 열평형 상태에서 각 분자의 상태의 속도 확률 분포를 나타내는 맥스웰-볼츠만 분포다.

사실 어떻게 읽어야 할지 엄두조차 안 나는 무시무시한 공식이다. 기호를 간단히 설명하면 m은 기체를 이루고 있는 분자의 질량이다. T는 온도를 뜻하며, 기체의 온도에 따라 분포가 바뀐다. k는 볼츠만 상수로, 온도를 어떻게 측정하느냐에 따라 결정되는 특정한 값인데 일단 이 같은 상수의 의미는 무시하는 것이 좋다(프린스턴대학교 물리학과 대학원생 구두시험에서 이 상수의 값과 의미를 모른다는 이유로 뛰어난 학생을 탈락 시킨 일도 있다). 이와 같은 공식을 이해할 때 권장하는 방법 중 하나는 처음에는 상수를 모두 무시하고 1이라고 놓는 것이다. 우리가 알고 싶어 하는 것은 속력의 분포이므로 다음의 공식만 집중해서 보면 나중에 더 복잡한 공식으로 돌아갈 때 도움이 된다. 속력에만 집

루크레티우스의 원자론으로부터

중해 다음과 같은 간단한 공식으로 바꾼 뒤 나머지 부분을 차차 살펴보는 것이 복잡한 공식을 이해하는 방법이다.

$$v^2 e^{-v^2}$$

여기서 지수에 '마이너스(-)'가 붙은 것은 다른 뜻이 아니라 다음과 같은 의미다.

$$\frac{v^2}{e^{v^2}}$$

즉 지수가 마이너스(-)인 항은 분모에 넣으라는 뜻이다. 그리고 e는 2.718 정도 되는 특정한 수이므로 크게 신경쓸 필요 없다. e의 자리에 대신 2.718을 넣어주면 된다. 이렇게 하고 나면 다음과 같은 식이 만들어진다. 처음의 공식을 대했을 때보다 한결 간결해진 모습이다. 이것을 이해하고 나면 전체 공식을 이해하는 데에 상당히 도움이 된다.

$$v^2 e^{-v^2} = \frac{v^2}{e^{v^2}} = \frac{v^2}{(2.718)^{v^2}}$$

다음은 지수함수 e^{v^2}의 그래프다.

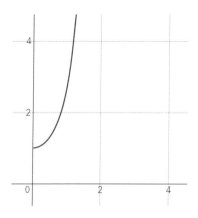

알다시피 지수함수는 매우 빨리 증가한다. 그래서 2.718을 약 3이라고 가정하면 3의 제곱은 9, 3의 3제곱은 27, 3의 4제곱은 81, 3의 5제곱은 243… 이렇게 급격히 증가한다. 우리가 자주 사용하는 기하급수적 증가라는 말이 바로 이 지수함수에서 비롯되었다. 그래서 다음 그래프에 나타나 있는 것처럼 좀 멀리서 그래프를 보면 아예 y축에 붙어버린 것을 확인할 수 있다.

루크레티우스의 원자론으로부터

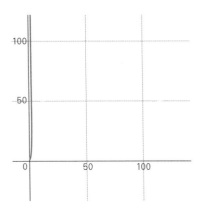

그다음 v^2은 다음과 같은 모양이다.

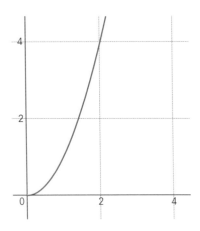

이것도 역시 증가하지만 지수함수보다는 훨씬 천천히 증가한다. 그래서 v^2을 e^{v^2}으로 나누면 처음에는 조금 빨리 증가하는 것처럼 보이다가 분모에 있는 게 훨씬 빨리 증가하기 때문에 궁극적으로는 0으로 기버린다.

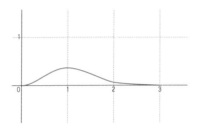

지수함수는 어떤 수든지 0승을 하면 1이 된다. 예를 들어 $\frac{v^2}{(2.718)^{v^2}}$에서 v가 아주 작을 때는 분모가 1에 가깝기 때문에 전체 표현은 v^2과 비슷하게 행동하고, 분모가 커지면서 0으로 가는 효과가 있기 때문에 그래프가 다음과 같은 모양이 된다.

루크레티우스의 원자론으로부터

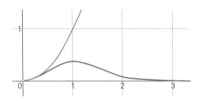

v^2(연한색 선)과 $\dfrac{v^2}{e^{v^2}}$(진한색 선)의 비교

그다음 여기에 상수 c의 효과를 넣어 다음과 같은 함수를 생각해보자.

$$c^{\frac{3}{3}} x^2 e^{-cx^2}$$

그런 뒤 상수 c를 바꾸면 다음과 같은 모양이 된다.

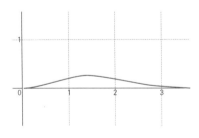

c=0.5

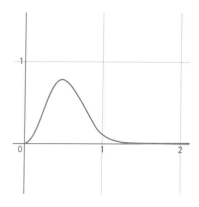

c=4.5

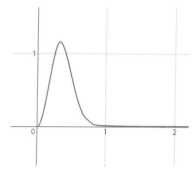

c=10

　　　　　　　　　루크레티우스의 원자론으로부터

이러한 식으로 그래프의 모양이 바뀌는데, 말하자면 이 분포가 상수에 어떻게 의존하는가를 표현하기도 한다. 맥스웰-볼츠만 분포에서는 c의 값이 $(\frac{m}{2kT})$이어서 근본적으로 분자의 질량과 온도에 분포가 의존하는 바를 나타내는 것이다(앞에 $\frac{\sqrt{2}}{\sqrt{\pi}}$가 더 있지만 이것은 무시하자).

다음은 온도를 고정시킨 다음 각종 비활성 기체에 대한 맥스웰과 볼츠만의 분포를 나타낸 그래프로 헬륨He, 네온Ne, 아르곤Ar, 제논Xe 이 네 가지의 경우에 분포가 어떻게 이루어지는가를 보여주는 것이다. 분포를 보면 네 가지 중에

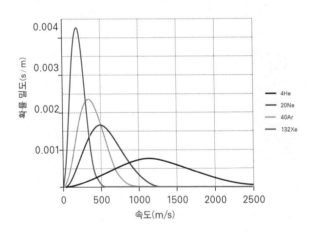

가장 가벼운 기체는 헬륨이고, 가장 무거운 기체는 제논이다. 거기에 따라 속도의 분포가 어떻게 달라지는지가 그래프상에 나타난다.

질량이 큰 것은 앞의 그래프에서 설명한 깃처럼 큰 c에 대응된다. 질량이 큰 것들은 그래프가 뾰족해지고, 질량이 작은 것들은 점점 완만해진다. 그래서 맨 아래 가장 완만한 그래프가 가장 가벼운 기체 헬륨이고, 가장 뾰족한 그래프가 가장 무거운 기체인 제논이다. 이것이 m의 역할에 의해 결정된다. 모양을 약간만 해석해보면 질량이 작을수록 높은 속력으로 갈 가능성이 크다는 당연한 성질이 완만한 그래프에 나타난다. 그러나 구체적인 그래프에는 그러한 상식적인 결론보다 훨씬 정밀한 정보가 들어가 있다.

통계물리는 이러한 종류의 분포에 관심을 집중한다. 그다음부터는 분포가 어떻게 변하는지, 그리고 어느 때 평형이 되는지 탐구해볼 수 있다. 맥스웰–볼츠만이 제시한 기본적인 이론은 이상기체의 경우 평형 상태에서 속력의 분포가 앞의 그래프와 같이 나타난다는 것을 물리적 직관으로부터 유도해냈다(사실은 속력보다 속도의 분포를 먼저 생각하는 것이 좋다).

이러한 이론적 프레임웍에서는 각종 물리량, 즉 에너지, 위치, 속력 등이 전부 다 분포를 갖게 되고 그들의 기대값, 분산 등을 공부하게 된다. 시스템 안에 있는 원자들은 자기 마음대로 움직이기 때문에 그것들 각자의 에너지, 위치, 속력에 대해서는 이야기할 수 있는 게 없다. 하지만 그들 상태의 분포를 결정하는 이론을 구축함으로써 시스템이 가진 물리량의 분포를 계산할 수 있고, 그들의 주어진 상태에서의 기대값, 분산 등을 물리적으로 해석할 수 있다. 예를 들면 우리가 알고 있는 기체의 온도라는 것은 운동량의 기댓값과 거의 같다.

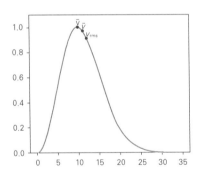

$$\left(\frac{1}{T^{3/2}}\right)v^2 e^{-v^2/T} = \left(\frac{1}{T^{3/2}}\right)\frac{v^2}{e^{v^2/T}}$$

7강 현대

앞의 그래프는 태양 대기 입자들의 맥스웰–볼츠만 분포
를 나타낸 것이다. 즉 태양 주위에 있는 기체의 속력이 어
떻게 분포되어 있는가를 나타낸 그래프다. 태양의 대기는
대부분 수소 원자로 구성되어 있다. 온도 T에 따라 분포의
모양이 바뀌므로 이 분포를 알면 온도를 측정할 수도 있다.

루크레티우스의 원자론으로부터

통계물리의
진정한 파급효과

앞의 설명을 다시 요약해보자. 통계물리의 핵심적인 사실은 우리가 경험하는 큰 물체의 성질은 물체를 이루는 원자들의 상태 분포가 결정하는 각종 물리량의 분포에 의해 나타난다는 것이다.

이러한 확률론적 시각은 물질의 거시적인 성질 또한 상당히 잘 기술한다는 사실이 경험적으로 입증되었다.

지금까지의 설명이 조금 어려웠을 수도 있었을 것이다. 그럼에도 이러한 설명을 통해 강조하고 싶었던 것은 맥스웰, 볼츠만, 기브스의 노력에 의해 확률론적 방법으로 통계물리라는 새로운 학문이 만들어졌고, 그 때문에 처음으로 큰 물체들의 성질이 어떻게 미시적인 원자들에 의해 결정되는지를 체계적으로 기술할 수 있는 능력이 생겼다는 것이다.

직관적으로 논해왔던 원자의 효과를 이렇게 정량적으로 기술할 수 있게 되자 생겨난 진정한 파급효과는 사람들이 점차 원자가 존재한다는 사실을 받아들이기 시작했다는 점이다. 또 통계물리의 관점은 곧 훨씬 파격적인 '확률적 물리학'인 양자 역학으로 이어지기도 했다.

물론 이 시기에도 과학자들 중에 원자론을 심각하게 반대하는 사람들은 많았다. 특히 오스트리아의 물리학자이자 철학자 에른스트 마흐Ernst Mach, 1838-1916는 원자 이론을 전혀 믿지 않았다. 그는 볼츠만 같은 물리학자를 강력하게 비판하고 공격해 그를 자살까지 몰고 가기도 했다. 원자론은 세상에 대한 객관적인 이론이지만 그로부터 파생된 인간적인 희극과 비극이 많았다는 것이다. 그런 중에도 루크레티우스 이후 약 2000년 뒤에야 제대로 된 원자론이 형성되었다고 할 수 있다.

과학자의 세상에서
시를 쓰는 이유

시인도 위대한 과학자를 탐구할 권리를 가지고 있다.

그의 생애와 업적은 무엇이었는가?

그것은 어떤 사랑으로부터 나왔는가?

그는 세상을 어떻게 바꾸었는가?

과학자 기브스와
시인 루카이저의 동행

조사이어 윌러드 기브스는 20세기 이전 원자의 역사 마지막에 등장한 인물이다. 흔히 통계역학의 창시자로 알려져 있는 그는 이전 과학자들의 통계역학 연구를 한데 모아 체계적인 학문으로 구축했다.

수리물리학자이기도 하고 화학자이기도 했던 기브스는 19세기 미국의 가장 위대한 학자 중 한 명이다. 대부분의 사람들은 그를 미국이 낳은 첫 번째 세계적인 과학자로 칭송한다. 그가 제시한 열역학의 근간으로 인해 경험적 추론 위주였던 물리화학이 연역적 이론으로 크게 바뀌었고 백

19세기 미국의 가장 위대한 과학자로 꼽히는 조사이어 윌러드 기브스

터, 대수학의 기초를 정립해 물리학의 수학적 언어에 큰 변화를 일으켰기 때문이다.

기브스의 아버지는 언어학자이자 신학자였으며, 예일 대학교에서 종교문학을 가르쳤다. 그렇게 학문적인 가정에서 태어난 기브스는 1863년 미국에서 처음으로 공학박사 학위를 받았고, 그해 예일대학교 강사로 임명되었다. 1866년에는 유럽으로 건너가 그곳에서 약 3년간 머무르며 유럽 대가들의 수학과 물리학 강의를 수강했다. 당시 미국인으로서는 첨단과학을 공부한 셈이다. 그런 뒤 1871년에 예일대학교 수리물리학 교수로 임명되었다. 그는 수리물리학 교수로 학생들을 가르치면서 약 9년 동안 월급을 전혀 받지 않았다고 한다.

기브스의 논문 가운데 가장 유명한 것은 1876년에 발표한 「비균일물질계의 평형On the Equilibrium of Heterogeneous Substances」이다. 그는 서로 다른 물질들을 섞었을 때 일어나는 평형 상태를 기술한 이 논문을 통해 화학열역학과 물리화학의 초석을 다졌다.

뿐만 아니라 1903년에 기브스가 발표한 논문 「통계역학의 기초 원리」는 오늘날까지 사용되고 있는 통계역학의 근간을 이룬다. 이 논문은 분량도 길거니와 당시 사람들로서는 읽기조차 어려울 정도로 난해하게 쓰였다. 하지만 앞에서도 잠시 언급했듯이 여러 조건에 따라 어떤 종류의 통계적 평형 상태(분포)가 존재하는가를 체계적으로 제시한 첫 번째 논문이기도 하다. 그가 제시한 평형의 개념들은 후에 발견된 양자역학에까지 거의 그대로 적용되었는데, 이는 기브스의 논문이 그만큼 완성도가 높았다는 것을 의미한다.

내가 대학원에 다니던 시절 예일대학교 수학과에서는 기브스의 흔적을 흔히 볼 수 있어서 그의 생애에 대해서도 자연히 관심을 갖게 되었다. 어떻게 보면 기브스의 삶은 굴곡 없이 곧게 뻗은 길처럼 느껴진다. 모험적인 스토리가 거의 없어서다. 일생 동안 건강이 좋지 않았던 그는 유럽에서 돌아온 후 예일대학교가 위치한 도시 뉴헤이븐을 거의 떠나지 않았다. 하지만 그가 19세기 미국의 가장 위대한 과학자라는 사실에 대해서만큼은 이견이 없다. 그의 업적만큼은 폭발하듯 미국의 과학사를 흔들어놓았기 때문이다.

이 대단한 과학자의 첫 번째 전기를 쓴 사람은 놀랍게도 좌파 시인 뮤리얼 루카이저Muriel Rukeyser, 1913~1980다. 그녀는 기브스가 사망한 뒤에 태어난 인물로 문학적으로도 뛰어났지만 인간적인 면에서도 매우 흥미로운 사람이다.

루카이저는 시인이자 극작가였으며, 전기 작가이자 아동문학 작가이기도 했다. 그녀를 설명하는 데에 있어서 이러한 수식보다 더 중요한 특징은 그녀가 정치 활동가였다는 점이다. 그녀에게 창작 활동과 정치 활동은 분리해서 생각할 수 없을 만큼 깊이 관련되어 있었다.

문인인 메릴린 해커Marilyn Hacker는 루카이저에게 시란

조사이어 윌러드 기브스의 전기를 쓴 시인이자 정치 활동가 뮤리얼 루카이저

"과학과 역사, 과거와 현재, 대공황 시기부터 작품 활동 말기의 반전 운동에 이르기까지 모든 것을 아우를 수 있는 것"이라고 말했다. 그녀의 시에는 정치와 역사, 과학과 사회에 걸쳐 일어나는 모든 일들이 고스란히 반영되어 있었다. 이것은 그녀가 의식적으로 택한 '참여 문학' 스타일이었다.

루카이저는 50여 년의 활동 기간 동안 아메리칸 모더니즘과 좌익 커뮤니티에서 계속적으로 중요한 역할을 해냈다. 또한 그녀는 1930년대 스페인 내전 당시 《Life and

과학자의 세상에서 시를 쓰는 이유

Letters Today》라는 잡지의 특파원으로 바르셀로나에 파견되어 인민전선에서 정부군 측을 지지하는 기사를 쓰기도 했다. 1960년대 말에는 베트남전 반대 시위에 참가해 워싱턴에 수감되기도 했으며, 1970년대에는 김지하 시인의 사형선고 반대 운동을 위해 '펜 아메리칸 센터' 회장 자격으로 우리나라를 방문하기도 했다. 후에 이 사건은 그녀의 마지막 시집인 『문The Gates』의 토대가 되었다.

루카이저는 1960-70년대 페미니스트 시와 페미니즘 활동에 있어서 선구적 역할을 하며 앨리스 워커Alice Walker, 앤 섹스턴Anne Sexton, 샤론 올즈Sharon Olds, 에이드리언 리치Adrienne Rich를 비롯한 수많은 젊은 시인들의 멘토 역할을 했다. 위 문단들은 'Poetry Foundation' 웹사이트에서 발췌한 부분이 많다.

그녀의 가장 영향력 있는 작품 중 하나는 1938년에 발표한 장편 서사시집 『사자의 서The Book of the Dead』다. 이 시집은 1930년대 초반 수백 명의 광부들이 규폐증으로 사망한 산업재해 '호크스 네스트Hawk's Nest' 터널 사건을 다루고 있다. 다음은 『사자의 서』 가운데 많은 사람들이 감동적인 대목으로 손꼽는 「압살롬Absalom」의 일부분이다.

I went on the road and begged the X-ray money,

the Charleston hospital made the lung pictures,

he took the case after the pictures were made.

And two or three doctors said the same thing.

The youngest boy did not get to go down there with me,

he lay and said, "Mother, when I die,

"I want you to have them open me up and

"see if that dust killed me.

"Try to get compensation,

"you will not have any way of making your living

"when we are gone,

"and the rest are going too."

I have gained mastery over my heart

I have gained mastery over my two hands

I have gained mastery over the waters

I have gained mastery over the river.

　　　　　　　과학자의 세상에서 시를 쓰는 이유

길바닥에서 엑스레이 비용을 구걸한 후

찰스턴 병원에서 폐 사진을 찍었다.

그때서야 의사는 진단해주었다.

두세 명의 의사가 같은 말을 했다.

막내는 같이 가지도 못했다.

자리에 누워서 말하기를 "어머니, 제가 죽으면,

제 몸통을 열어서

먼지 때문에 죽은 건지 알아보세요.

보상받으세요,

우린 다 죽을 텐데

우리가 떠나면,

혼자 생계를 꾸려 가실 방법이 없잖아요."

나는 내 마음을 다스리게 되었다

나는 내 두 손을 다스리게 되었다

나는 바다를 다스리게 되었다.

나는 강을 다스리게 되었다.

시인, 과학자의 세상에서
시를 쓰다

루카이저는 1942년에 기브스의 전기 『윌러드 기브스: 미
국적 천재성』을 발표했다. 시인 루카이저는 왜 기브스의
전기를 쓰고자 했을까?

  시인이 수리물리학자의 전기를 쓴 이유가 궁금해진 나
는 최근에 영문과 동료와 함께 이에 대한 연구를 시작했
다. 역사와 문학과 과학 사이의 미묘한 관계를 생각하게 하
는 많은 자료들을 뒤지면서도 아직 이 질문에 대한 뚜렷한
답을 알아내지 못했다. 그러나 지금까지 찾은 단서 몇 개를
설명하면서 나 자신의 생각을 정리하려는 것이 이번 강의

목적이기도 하다. 따라서 독자들에게 이번 강은 특히 혼란스럽고 모호해 보일 가능성이 많다.

루카이저 자신은 이 전기의 말미에 담긴 '작가의 말'에서 이렇게 설명한다. "내가 이 책을 쓴 이유 중 하나는 내가 읽기 위해서다." 이 문장만으로도 그녀의 호기심과 지적 에너지를 짐작할 수 있다. '자기가 알고 싶은 토픽에 대해서는 책을 쓰기로 한다.' 이 얼마나 과감한 태도인가. 그녀는 그의 전기를 읽고 싶었지만 실제 그 당시만 해도 기브스의 전기는 한 권도 출간되어 있지 않았다.

더 깊은 이유를 이 책의 서론에서 찾을 수 있다. 루카이저는 미국의 문화적 정체성의 발달 과정에 깊은 관심이 있었다. 그녀는 책에서 기브스와 더불어 윌리엄 제임스, 허먼 멜빌, 월트 휘트먼 등으로 대표되는 19세기 미국 지성사의 조류를 자주 언급한다. 그녀는 서론에서 기브스에 대해 이렇게 이야기한다.

그의 업적은 미국 전통의 가장 깊은 곳으로부터 나왔다. 시작부터, 즉 유럽인이 이 대륙을 발견했을 때부터 우리는 연대를 끊으며 우리만의 세계를 구축해 나갔다. 우리는 이단자이자 공리 파괴자들이었고 자발적인 방랑자이자 망명자였다. 이곳은 열렬한 난민들의 나라다. 우리는 이렇게 태어났다.

'공리 파괴자'라는 표현이 흥미롭다. 공리란 이론적 체계를 구축할 때의 출발점이다. 공리를 기정 사실로 받아들인 다음 연역을 통해 이론을 전개해 나간다는 것이 과학적 방법론의 전형적인 모델 중 하나다. 미국을 공리 파괴자들의 나라라고 표현하는 것 자체가 혁명가의 성향과 과학철학의 이해를 한번에 보여주는 문구다. 또한 이 글에는 조국의 특별한 정체성에 대한 복잡하고도 강력한 신조가 담겨 있다. 미국이 세계 강국으로 자리 잡은 뒤에 태어난 사람들은 이러한 감정을 쉽게 이해하지 못할 것이다. 제2차 세계대전 이전의 세계 정치 판도나 문화적 영역들이 잊혀졌기 때문이다.

유럽 문화권의 연장으로 인식되던 미국이 그 자신만의 문화적 정체성을 획득한 시기는 언제일까? 또 그 정체성은 무엇이며 어떤 조건이 그것을 가능하게 했을까? 20세기 초에 태어나 유년기를 지낸 루카이저는 이러한 종류의 질문들과 일생 동안 씨름하며 답을 찾으려 했던 것이 분명하다. 물론 그녀의 정치적인 관심 또한 이와 같은 탐구의 산물로 볼 수 있다. 그리고 미국의 문화적 정체성을 이해하고 싶은 루카이저로서는 미국의 첫 번째 세계적인 과학자 기브스에게 당연히 마음이 끌릴 수밖에 없었을 것이다. 많은 경우에 과학의 선구자가 바로 전형적인 공리 파괴자이기 때문이다(여기서도 토마스 쿤의 이론이 생각 날 것이다).

이러한 동기로 출발하는 루카이저의 세계관은 『윌러드 기브스: 미국적 천재성』의 첫 장에 이미 적나라하게 나타난다. 글은 1839년에 있었던 유명한 아미스타드 선상 반란의 역사로 시작한다.

선박 아미스타드호는 어린이 네 명을 포함한 53명의 노예를 태우고 쿠바 해안을 따라 항해하고 있었다. 서아프리카 시에라리온 지역에서 납치된 후 노예로 불법 거래되어 쿠바로 이송되고 있던 아프리카 포로 멘데족들이 족쇄를 풀고 배를 점거했다. 이들은 선장과 요리사를 죽였다. 그러나 다른 두 명의 선원이 구명정을 타고 탈출했다. 멘데족들은 살아 있는 스페인 항해사 두 명에게 아프리카로 돌아갈 것을 요구했다. 항해사들은 바닷길을 모르는 이들을 속여 밤새 해안의 북쪽으로 향했다. 결국 멘데족들은 뉴욕 롱아일랜드 근처에서 해양 국경 감시대에 의해 체포되었다.

우여곡절 끝에 1841년, 미 연방지방법원과 국제 문제를 다루던 워싱턴 D. C. 소재의 미 대법원은 이들이 불법적으로 이송되고 있었으므로 자유의 몸이 되어야 한다고 판결했고, 이 판결은 큰 반향을 일으키며 노예 폐지 운동에 힘을 실어주었다.

전기의 첫 장에서 이 사건을 다루었다는 것은 루카이저 자신의 정치적 관심사를 고스란히 드러내는 하나의 장치이기도 하다. 그런데 이 사건이 도대체 전기의 주인공인 기브스와 무슨 상관이 있었을까?

멘데족들이 뉴헤이븐에 수감되어 있을 당시 언어학자이자 신학자였던 기브스의 아버지(조사이아 윌러드 기브스 시니어)의 역할 때문이다. 그들이 자유의 몸이 되기 위해서는 자신들을 변호할 수 있는 증언을 해야 하고, 그러려면 그들의 증언을 해석해줄 통역사가 필요했다. 기브스의 아버지는 그들의 통역사를 찾아 나서기로 마음먹었다. 그는 먼저 멘데족들의 언어를 파악하기 위해 그들로부터 1에서 10까

과학자의 세상에서 시를 쓰는 이유

지의 숫자에 해당하는 단어를 손가락을 이용해 배웠다.

1=ita, 2=fele, 3=sawa, 4=naani, 5=loolu,

6=weita, 7=wofla, 8=wayakpa, 9=taalu, 10=puu

그런 다음 뉴욕에 정박해 있는 배들을 샅샅이 뒤지며 이 단어들을 알아듣는 사람들을 찾아다녔다. 기브스의 아버지는 마침내 제임스 코비James Covey와 찰스 프렛Charles Pratt 이라는 두 명의 통역사를 찾아냈다. 그는 멘데족들이 법정에서 제대로 된 증언을 할 수 있도록 통역사를 찾아줌으로써 그들로 하여금 유리한 판결을 받는 데에 결정적인 역할을 했다.

이 이야기의 삽입은 루카이저의 사회정치적 동기를 보여주지만 기묘하게 수학의 보편성을 나타내주기도 한다. 언어학자였던 기브스의 아버지가 멘데족들을 통역해줄 사람을 찾기 위해 가장 먼저 선택한 방법은 그들이 자신들의 언어로 숫자를 어떻게 말하는지 파악하는 것이었다. 그리고 그 숫자들은 실제로 통역사를 찾게 하는 실마리가 되어주었다.

서두에서 언급된 이러한 이야기가 책의 저자인 루카이저에게 중요한 이유는 또 있다. "이단자이자 공리 파괴자, 자발적인 방랑자이자 망명자"인 시민으로 이루어진 사회에 대한 믿음이 강한 그녀는 미국의 정체성을 항상 진보석인 입장에서 찾고 싶어 했기 때문이다. 그리하여 자신의 정치적 인생에서는 직접 찾아내기 어려운 '진보적 족보'를 미국 제일의 과학자에게 갖추어 주고자 했다.

과학자의 세상에서 시를 쓰는 이유

시와 수학,
세상을 이해하는 방식

루카이저가 기브스의 전기를 쓴 이유들을 몇 가지로 질서 정연하게 분류하는 것은 불가능하다. 그녀 자신도 글을 통해 언급했듯이 여러 동기의 복잡한 중첩이 책 이곳저곳에서 다양하게 나타나기 때문이다. 그러나 중요한 동기를 하나 더 꼽으라면 과학과 언어의 미묘한 관계를 탐구하는 전통을 이야기할 수밖에 없다.

　루카이저는 과학을 설명하기 위해서는 은유가 필요하며, 시인은 은유의 전문가라고 책 시작 부분에서 설명한다. 물론 나는 은유를 통해서만 과학을 설명하는 것은 그리

좋은 방법이 아니라고 생각한다. 그보다는 과학의 진정한 언어인 수학의 대중교육이 중요하다고 믿는 입장이기 때문이다. 수학의 언어로 쓰여진 과학을 은유의 언어로만 설명할 수는 없다는 것이 나의 의견이다. 그러나 루가이저는 다음과 같이 반박한다.

시인이나 과학자처럼 각종 시스템의 창조와 묘사에 철저히 종사한 사람들은 그들이 공부하는 시스템이 자기의 본성을 포함한다는 사실을 알고 있다. 시인의 주 도구는 자신의 본성이다. 운율과 의미와 고독도 '자신'이라는 척도로 가늠한다. 그러나 과학자에게는 자신으로부터 분리된 객관성이 절대적이다. 그래서 시인이란 일종의 무책임한 인물이며 과학자의 힘겨운 목적이나 구체적인 방법론과 동떨어진 존재로 인식되기 쉽다. 그러나 시인의 세상은 과학자의 세상이다. 그들은 세상의 시스템에 대한 동등한 소유권을 가지고 있다. 그들의 글은 서로를 예견하고, 서로 반기고, 서로 감싸준다. 루크레티우스가 에피쿠로스에게 답했듯이 기브스는 휘트먼에게 답한다. 따라서 시인도 위대한 과학자를 탐구할 권리를 가지고 있다. 그

과학자의 세상에서 시를 쓰는 이유

의 생애와 업적은 무엇이었는가? 그것은 무엇에 대한 사랑으로부터 나왔는가? 과학자는 세상을 어떻게 바꾸었는가?

여기서 다시 루크레티우스와 에피쿠로스가 등장한다. 앞에서도 설명했듯이 루크레티우스의『사물의 본성에 관하여』는 과학과 자연을 총 7400행으로 풀어낸 서사시다. 루크레티우스의 책은 흔히 우리가 알고 있는 서술 형식의 과학책이 아니다. 예를 들기 위해 한 부분을 소개해보자.

로마의 어머니, 신과 인류의 기쁨
미끄러지듯 움직이는 별들 아래 비너스는
많은 것-중요하고 풍요로운 땅-을 모든 생물을 위해 내어준다
당신을 통해서만 모든 것이 잉태되고
당신을 통해 위대한 태양이 떠오르며
여신인 당신 앞에서
거센 바람과 짙은 구름이 사라지고
당신을 위해 변화무쌍한 지구에 꽃향기가 나며

당신을 위해 고요하고 깊은 바다가

미소 짓고 평화로운 하늘의 공간이

당신을 위한 빛의 산란으로 반짝인다!

루크레티우스는 이렇게 시적인 표현들로 원자론도 설명하고 에피쿠로스주의의 윤리도 설명한다. 루카이저는 루크레티우스 같은 시인이 시로써 에피쿠로스주의와 원자론을 설명하는 것이 가능했던 것처럼 자기가 기브스 혹은 기브스의 과학을 설명하는 것 또한 자연스러운 일이라고 생각했다. 즉 자기 자신을 루크레티우스의 계승자로 생각한다는 단서가 이 대목에 나타난다. 결론적으로 우리는 그녀가 왜 기브스의 전기를 쓸 수밖에 없었는지, 그에 대한 답을 조금이나마 가늠해볼 수 있다. 아마도 이 인용구에서의 핵심 문장은 "시인의 세상은 과학자의 세상이다"이고, 그것이 그녀가 이 전기를 쓴 가장 중요한 이유일 것이다. 루카이저는 기브스의 인생과 함께 그의 과학 세계 자체, 그리고 그의 미국적 과학 사상을 시인의 언어로 설명하는 책을 계획한 것이다.

루카이저와 6강에서 다루었던 소르 후아나, 이 두 시인에게 시는 세상을 이해하는 방식이었다. 이는 쓰는 사람의 입장에서도 읽는 사람의 입장에서도 다르지 않다. 시는 세상을 이해하는 하나의 도구라는 사실이 그녀들에게는 무엇보다 강력한 믿음이었다. 그러면서 서로 대치관계에 있을 것으로 이해하기 쉬운 두 방법론을 시를 통해, 그리고 전기를 통해 융합하려는 노력의 잔재가 그들의 글에 가득하다. 이 노력이 얼마나 성공적이었는지에 대한 적절한 평가는 어쩌면 루크레티우스의 시에 대한 평판 정도의 우여곡절 후에나 나올지도 모른다.

루카이저는 자신의 저서 『시의 생The Life of Poetry』에서 "시는 민주주의 그리고 인간의 삶과 이해에 필수적인 것"이라고 말한다. 관점에 따라 당연한 주장이라고 받아들일 수도 있고, 아니면 시와 민주주의가 무슨 관계인지 궁금할 수도 있다. 그러나 나는 이 문장을 읽는 순간 일종의 전율 같은 것을 느꼈다. 나 역시 수학에 대해 같은 생각을 가지고 있기 때문이다. 그러면서 궁극적으로 같은 세상을 살고 있으므로 시인이든 수학자이든 세상을 이해하려는 목적은 같을 수밖에 없다는 결론을 얻었다.

루카이저가 쓴 기브스 전기는 이러한 인생 철학과 부합

한다는 점에서 일반적인 전기물과는 사뭇 다르다. 어떤 면에서는 기브스의 삶과 업적에 초점을 맞추기보다 그의 인생과 과학을 통해 루카이저 자신의 세계관을 표명하고 있다는 게 조금 더 석절한 설명일 수도 있다. 그녀는 앞에서 다루었던 '전통의 발명'을 기브스의 전기에 적용하고 있기도 하다. 그래서 철학과 역사와 정치와 문학이 다소 무분별하게 어우러져 조금 어렵게 느껴지는 부분도 많다. 그럼에도 불구하고 나는 '현대판 루크레티우스'로 해석해본 이 전기가 엄밀한 과학적 전개만 가지고는 전할 수 없는 진리를 내포하고 있을 가능성을 계속 타진하는 중이다.

주요 키워드

대수학
algebra

수 대신에 문자를 사용해 방정식의 풀이 방법이나 대수적 구조를
연구하는 학문으로 덧셈, 뺄셈, 곱셈, 나눗셈 등의 연산을 떠올리면
이해가 쉬울 것이다. 개개의 숫자 대신에 숫자를 대표하는 일반적
인 문자를 사용해 수의 관계, 성질, 계산 법칙 따위를 연구하는 학
문이다.

기하학
geometry

분야와 토지 등의 측량을 위해 도형을 연구하는 데에서 기원했으
며, 도형 및 공간의 성질, 즉 점, 직선, 곡선, 면, 부피 사이의 관계를
연구하는 수학 분야의 학문이다. 정수론과 더불어 역사가 가장 오
래된 수학 분야 중 하나로 초기 문명 단계에서부터 건축이나 측량
을 위한 실용적인 지식으로서의 중요한 역할을 해왔다.

알 콰리즈미

Muḥmmad ibn-Mūsa al Khwarizmi

이슬람 문명 최고의 수학자 겸 천문학자이며, 유명한 대수학 저서 『완성과 균형에 의한 계산 개론』에서 최초로 일차방정식과 이차방정식의 해법을 제시했다. 그가 이 책을 발표하기 전까지만 해도 이러한 이론은 전혀 체계화되어 있지 않았다. 그는 최초로 대수학을 독립된 학문으로 여겼고, '소거'와 '대비' 방법을 도입했다는 점에서 대수학의 아버지로 불린다. 아랍식 기수법을 뜻하는 '알고리즘'은 그의 이름에서 유래했다.

오마르 하이얌

Omar Khayyām

페르시아의 수학자이자 천문학자이지만 철학자이면서 시인이기도 하다. 수학자로서 그의 저명한 업적은 삼차방정식의 분류와 해법이다. 오마르 하이얌은 원뿔 곡선의 교차점을 이용한 기하학적 해법을 제시했다.

레오나르도 피보나치

Leonardo Fibonacci

중세 시대 가장 재능 있는 수학자로 불리는 피사 공화국의 이탈리아 수학자다. '피사의 레오나르도'라고도 하고, '레오나르도 비골로 피사노'라고도 알려져 있다. 아라비아의 산술과 대수학을 유럽에 소개했으며, 우리에게 익숙한 '피보나치수열'에 그의 이름이 남아 있다. 그의 저서 가운데 유명한 『주판서』에는 제목과 달리 주판 없이도 할 수 있는 계산법이 담겨 있다.

노붐 오르가눔
Novum Organum

세기의 역작으로 꼽히는 베이컨의 저서 『노붐 오르가눔』은 아리스토 텔레스의 논리학서인 『오르가눔』을 개정한다는 뜻에서 붙여진 이름으로 '새로운 방법론' 정도로 의역할 수 있다. 17세기의 과학혁명 속에서 뉴턴의 『프린키피아』와 갈릴레이의 발사체 운동을 이론과학의 혁명이라고 한다면, 『노붐 오르가눔』은 실험과학의 혁명이랄 수 있다. 베이컨은 중용을 지키는 것, 즉 이론과 실험의 두 기둥의 중간 지점에서 적절히 균형을 잡아야 한다고 강조하면서도 17세기까지도 강한 영향력을 발휘하던 중세의 스콜라 철학에 대한 반박을 강하게 표현했고, 그 일환으로 경험과 실험을 강조했다.

프린키피아
Principia

뉴턴의 가장 유명한 저서이자 과학사에서 제일 중요한 저서로 알려져 있으며, 근대 역학을 완성시킨 책으로 일컬어진다. 1678년에 출간된 이 책의 원제는 『자연철학의 수학적 원리』이며, 총 3편으로 구성되어 있다. 뉴턴은 이 책에서 거의 모든 것을 기하학적으로 서술하고 있는데, 수 체계의 위기에서 비롯된 파급효과라고 추측할 수 있다. 뉴턴은 이 책을 통해 만유인력의 법칙과 물체의 운동을 다루는 세 개의 운동 법칙을 고전 수학적 표현으로 정립했다.

아르키메데스
Archimedes

아테네의 전성기가 끝난 뒤 알렉산더 대왕의 제국이 건설되고 헬레니즘 문명이 번성하던 기원전 3세기 수학자다. 우리가 학교에서 주로 배우는 많은 공식들을 처음으로 발견한 인물이며, 대표적으로 원의 면적, 구의 표면적, 구의 부피 같은 기본적인 기하학적 측량값들을 알아냈다. 기하학의 면적과 부피에 관한 공식에서 무한소와 무한급수 개념을 암시적으로 다룸으로써 뉴턴과 라이프니츠보다 거의 2000년이나 앞서 미적분의 개념을 사용했다는 주장도 있다. 아르키메데스의 유명한 물리학 업적 중에는 유체정역학의 발견도 있다.

루크레티우스
Titus Lucretius Carus

기원전 1세기 로마의 철학자이자 시인이며, 원자론과 에피쿠로스의 철학을 체계적으로 기술해 영향력 있는 사상으로 만든 인물이다. 그는 자신의 서사 교훈시 『사물의 본성에 관하여』에서 원자론과 우주론을 포함한 에피쿠로스주의 사상을 설파했다. 7400개의 6보격으로 쓰인 이 책은 총 여섯 권으로 구성되어 있으며, 매우 시적인 언어와 은유로 에피쿠로스주의 물리학과 윤리학을 탐구한다. 그는 이 책에서 원자론의 원리와 정신과 영혼의 성질, 감정과 생각, 세상과 여러 현상의 발생, 그리고 다양한 천체와 지상의 현상 등을 설명한다.

참고문헌

1   김민형, 『다시 수학이 필요한 순간』, 인플루엔셜, 2020.

2   김민형, 『수학의 수학』, 은행나무, 2016.

3   Iamblichus, "On the Mysteries, Life of Pythagoras & Pythagorean Fragments", Prometheus Trust (5 Oct. 2004)

4   Porphyry, "The Life of Pythagoras", Nabu Press (29 Feb. 2012)

5   Apuleius (C.P Jones, trans.), "Apologia. Florida. De Deo Socratis (Loeb Classical Library)" Harvard University Press; Bilingual edition (June 19, 2017)

6   Archimedes (T. Heath, trans.), "The Works of Archimedes", Dover Publications Inc. (28 Mar. 2003)

7   Plutarch (B. Perrin, trans.). "Lives, Vol. V: Agesilaus and Pompey. Pelopidas and Marcellus (Loeb Classical Library 87)", Loeb (1 July 1989)

8   Godwin, J., "The Harmony of the Spheres: The Pythagorean Tradition in Music", Inner Traditions (1 Nov. 1992)

9   O'Neill, B., "Semi-Riemannian Geometry, with Applications to Relativity", Pure and Applied Mathematics, vol. 103, Academic Press (29 July 1983)

10   Cicero (J.E. King, trans.), "Tusculan Disputations (Loeb Classical Library 141)", Loeb; Revised edition (1 July 1989)

11   Newton, I. (B. Cohen, J. Whitman, J. Budenz, trans.), "The Principia: The Authoritative Translation and Guide: Mathematical Principles of Natural Philosophy", University of California Press; First edition (February 5, 2016)

12   Hobsbawm, E., Ranger, T. (eds.), "The Invention of Tradition", Cambridge University Press; Reissue edition (29 Mar. 2012)

13   Berggren, J.L., "Episodes in the Mathematics of Medieval Islam", Springer; Softcover reprint of the original 1st ed. 1986 edition (4 Oct. 2013)

14   Corry, L., "A Brief History of Numbers", Oxford University Press; Illustrated edition (October 13, 2015)

15   Entry on Algebra, by L. Corry, "Encyclopedia Britannica", https://www.britannica.com/science/algebra

16   Bacon, F., "Francis Bacon: The New Organon", Cambridge Texts in the History of Philosophy, Cambridge University Press; New Ed edition (12 Jan. 2008)
     Kuhn, T., "Mathematical vs. Experimental Traditions in the Development of Physical Science", The Journal of Interdisciplinary History, Vol. 7, No. 1, Summer, 1976.

17   Lurie, J., "Higher Topos Theory", Annals of Mathematics Studies, 170, Princeton University Press (July 26, 2009)

18 Gaitsgory, D., Rosenblyum, N., "A Study in Derived Algebraic Geometry: Volumes 1 & 2", American Mathematical Society (30 July 2017)

19 Juana Inéz De La Cruz, "Selected Poems", W. W. Norton & Company; Translation edition (11 Nov. 2014)

20 Juana Inéz De La Cruz (E. Arenal, trans.), "The Answer / La Respuesta (Expanded Edition): Including Sor Filotea's Letter and New Selected Poems", The Feminist Press at CUNY; 2nd edition (1 Jun. 2009)

21 Sor Juana Inéz De La Cruz, "Webpage of Geoffrey Kantaris", https://www.latin-american.cam.ac.uk/culture/SorJuana/

22 Hiil, R. (ed.), "Sceptres and Sciences in the Spains: Four Humanists and the New Philosophy, c 1680-1740", Liverpool University Press (October 1, 2000)

23 Arnold, V.I., "Mathematical Methods of Classical Mechanics", Springer-Verlag, 2nd edition (9 April 2013)

24 Sethna, J., "Statistical Mechanics: Entropy, Order Parameters and Complexity", Oxford University Press (June 1, 2006)

25 Rukeyser, M., "Willard Gibbs", Doubleday, Doran & Company, inc (January 1, 1942)

26 Rukeyser, M., "The Collected Poems of Muriel Rukeyser", University of Pittsburgh Press; 1st edition (22 May 2005)

27 Lucretius (W.H.D. Rouse, trans.), "On the Nature of Things (Loeb Classical Library 181)", Harvard University Press, 1924.

본문 사진 출처

KI신서 9986

역사를 품은 수학, 수학을 품은 역사

1판 1쇄 발행 2021년 12월 1일
1판 6쇄 발행 2024년 3월 25일

지은이 김민형
펴낸이 김영곤
펴낸곳 (주)북이십일 21세기북스

인생명강팀장 윤서진 **인생명강팀** 최은아 강혜지 황보주향 심세미 김대현
디자인 형태와내용사이
출판마케팅영업본부장 한충희
마케팅2팀 나은경 정유진 백다희 이민재
출판영업팀 최명열 김다운 김도연 권채영
제작팀 이영민 권경민

출판등록 2000년 5월 6일 제406-2003-061호
주소 (10881) 경기도 파주시 회동길 201(문발동)
대표전화 031-955-2100 **팩스** 031-955-2151 **이메일** book21@book21.co.kr

© 김민형, 2021
ISBN 978-89-509-9818-9 04300
        978-89-509-9470-9 (세트)

(주)북이십일 경계를 허무는 콘텐츠 리더

21세기북스 채널에서 도서 정보와 다양한 영상자료, 이벤트를 만나세요!
페이스북 facebook.com/jiinpill21   **포스트** post.naver.com/21c_editors
인스타그램 instagram.com/jiinpill21   **홈페이지** www.book21.com
유튜브 youtube.com/book21pub

서울대 가지 않아도 들을 수 있는 명강의! 〈서가명강〉
'서가명강'에서는 〈서가명강〉과 〈인생명강〉을 함께 만날 수 있습니다.
유튜브, 네이버, 팟캐스트에서 '서가명강'을 검색해보세요!